LA FÓRMULA GARANTIZADA PARA TOMAR CONTROL INMEDIATO
DE TU PRESENTE Y FUTURO.

Abundancia
Ilimitada

ANA MARÍA GODÍNEZ / GUSTAVO HERNÁNDEZ

Abundancia
Ilimitada

OTROS LIBROS DE LOS AUTORES

Estos libros pueden ser adquiridos mediante la página www.amazon.com, www.lulu.com o bien mediante Ignius Media directamente llamando al +52 (477) 773-0005.

El Prodigio

- Integra la Competitividad como herramienta clave en todas las áreas de tu vida.
- www.elprodigio.com.mx
- Ignius Media Innovation, 2008

Despertar

- Libera el potencial infinito que hay dentro de ti.
- www.despertemos.net
- Ignius Media Innovation, 2009

Vitaminas para el Éxito

- ¡Consigue lo que deseas!
- www.igniusmedia.com
- Ignius Media Innovation, 2010

Despertares en Armonía

- Relatos que enriquecen e inspiran el corazón, realizados por Mujeres que comparten su Despertar a la Armonía.
- www.despertemos.net
- Ignius Media Innovation, 2010

Despertares en Armonía II

- Nuevos relatos que enriquecen e inspiran el corazón.
- www.despertemos.net
- Ignius Media Innovation, 2013

El Gran Libro de los Procesos Esbeltos

- Los principios actuales de LEAN MANUFACTURING en industrias, negocios y Oficinas, ¡Aplicados sin Igual!
- www.igniusmedia.com
- Ignius Media Innovation, 2014

El Gran Libro de las Mejores Preguntas para Vender – Versión ORO-

- Los secretos de la herramienta más poderosa que puede DUPLICAR TUS VENTAS: Vende Preguntando®
- www.igniusmedia.com

- Ignius Media Innovation, 2014

El Gran Libro de las Mejores Preguntas para Vender – Versión PLATINO-

- ¡MÁS! de los secretos de la herramienta más poderosa que puede DUPLICAR TUS VENTAS: Vende Preguntando®
- www.igniusmedia.com
- Ignius Media Innovation, 2014

Lo que la Gente Lista sabe del Aprendizaje

- El aprendizaje es la llave que te permitirá abrir cualquier puerta en tu vida
- www.igniusmedia.com
- Ignius Media Innovation, 2014

Planeación Estratégica TOTAL

- Descubre lo que tienes que saber para ser EXITOSO EN LOS NEGOCIOS.
- www.igniusmedia.com
- Ignius Media Innovation, 2014

Empoderamiento Emprendedor

- SNAP: La Metodología que ha Formado EMPRENDEDORES IMPARABLES
- www.igniusmedia.com

- Ignius Media Innovation, 2015

El Emprendedor SIN LÍMITES

- SNAP: ¡A Metodología que ha formado EMPRENDEDORES INNOVADORES
- www.igniusmedia.com
- Ignius Media Innovation, 2015

Sé tu Jefe en 6 MESES

- SNAP: La Metodología que ha guiado a los EMPRENDEDORES TRIUNFADORES.
- www.igniusmedia.com
- Ignius Media Innovation, 2015

Recursos Humanos HUMANOS

- El proceso ACTUAL para tener Personal Feliz y Organizaciones Prósperas con un Enfoque 100% Humano.
- www.igniusmedia.com
- Ignius Media Innovation, 2015

ABUNDANCIA ILIMITADA

D.R. © 2015, Ana María Godínez González y Gustavo Hernández Moreno www.ignius.com.mx

Publicado por: © 2015, Ignius Media Innovation, León, Guanajuato, México
+52 (477) 773 – 0005
www.igniusmedia.com

Diseño de Cubierta:	Pablo Vázquez
Diseño de Interiores:	Gustavo Hernández Moreno
Corrección de Estilo:	Magdalena Méndez
	María Elena Méndez Torres
Fotografía de Portada:	Gustavo Hernández Moreno
Primera Edición:	Agosto, 2015
ISBN:	978-607-97520-8-8
Registro de Autor:	03-2016-012910005200-01

ANA MARIA GODÍNEZ

Psicóloga, Empresaria, Escritora, Conferencista, Máster en Dirección Estratégica y Gestión de la Innovación; Experta en Grupos Operativos, Herramientas Avanzadas de Educación y Entrenamiento Dinámico, Liderazgo Transformacional y Ventas; especializada en procesos Industriales y Métodos de Negociación y Solución de Conflictos, cuenta con casi 20 años de experiencia práctica profesional.

Su formación y crecimiento interpersonal la han llevado a desarrollar innovadoras perspectivas en soluciones únicas de Desarrollo Empresarial, Productividad, Liderazgo, Ventas, Estrategia, Marketing, Éxito y Desarrollo Personal, creando un gran poder de transformación y acción, generando enormes beneficios, ventas y utilidades en las empresas y organizaciones asesoradas.

Desde muy temprana edad demostró sus habilidades en los negocios y relaciones humanas, creando emprendimientos de alta calidad, pero sobre todo, siempre orientados a resultados con una amplia perspectiva de futuro. En lo académico se destacó por ser invitada por profesores a compartir sus habilidades en Aprendizaje Acelerado.

Sus habilidades de Comunicación la han llevado a ser ampliamente reconocida por sus "video—entrenamientos" que, mes a mes, llegan a miles de personas en toda América.

GUSTAVO HERNÁNDEZ

Empresario, consultor y constante conferencista internacional, Ingeniero Industrial, Máster en Dirección Estratégica y Gestión de la Innovación es, también, Experto en Desarrollo Tecnológico, Diseño de Software, Métodos de Solución de Problemas y Creador de Trabajo Eficiente; así mismo Inventor, Fotógrafo, Productor, Editor y Escritor.

Se desempeñó exitosamente como Director General de una reconocida compañía proveedora internacional de la Industria Automotriz, cuyas ventas anuales superaron los $100 millones de dólares entregando sus productos a diferentes y más destacadas marcas continentales como BMW, Toyota y GM entre muchas otras.

A sus logros se suman la creación de diversas empresas de Innovación y Desarrollo de Tecnología aplicada a productos, procesos y servicios, cuyas patentes llegaron a protegerse y comercializarse internacionalmente por sumas mayores a los $20 millones de dólares.

Es un individuo ejemplar, creativo e incansable que está en una continua búsqueda y desarrollo de soluciones que ayuden a cientos de miles de personas y organizaciones a tener mejores resultados y aumentar su nivel de prosperidad, eficiencia y felicidad.

AGRADECIMIENTO

Agradecemos a todos los maestros que la vida ha puesto en nuestro camino y también a aquellos que hemos buscado y nos han apoyado a crecer y creer que la abundancia está "aquí y ahora" para todos los seres que formamos parte de este universo.

Agradecemos que a pesar de los retos que la vida nos presenta siempre hemos tenido la bendición de saber y tener presente día a día y sin importar lo que esté enfrente que la Abundancia es Ilimitada.

Ana María y Gustavo

DEDICATORIA

Este libro está dedicado a ti, estimado lector y a todas y cada una de las personas que directa o indirectamente impactará en su vida.

Somos personas que creemos en todo el potencial que tenemos como seres humanos, creemos que vivimos en un universo amistoso lleno de abundancia; que si nosotros lo decidimos y trabajamos por ello nos permitirá vivir plenos y felices cada día de nuestra vida.

Nuestra mejor intensión es que este conocimiento que ha demostrado innumerables veces dar un enorme resultado sea conocido por muchos y compartido a miles, y tu eres una parte fundamental, no dudes en compartir este libro con más gente a la que le desees el bien y animarlos a que adquieran el libro y hagan el mejor uso de el.

Deseamos que este libro te brinde herramientas importantes para cambiar lo que hoy no esté funcionando en tus relaciones contigo mismo y con tu entorno; tu relación con el dinero y tu relación con tu salud.

Te invitamos a subrayar la información que en este momento de tu vida necesites para mejorar; así como, hacer cada uno de los ejercicios que a lo largo de este libro hemos preparado para ti.

"Vivo en un universo amistoso que colabora conmigo y con mi entorno para apoyarnos a lograr todo lo que nos propongamos".

INTRODUCCIÓN

"Despertar" es una fundación que ha venido floreciendo y expandiéndose año con año. A a lo largo de estos años hemos podido compartir con miles de personas información y herramientas prácticas y actuales para apoyar el desarrollo de los individuos de hoy.

Hoy tienes en tus manos este libro que está escrito para hombres y mujeres que tienen la clara intención de mejorar su vida.

Si aún no has leído ningún libro de Despertar, ¡te invito a que los busques y los tengas contigo!, Despertar le llega a cada quien en su momento; y en está ocasión Despertar queremos compartir con todas las personas que podamos la Abundancia Ilimitada que está aquí y ahora para cada uno de nosotros –hombres y mujeres, niños, jóvenes y adultos.

"Abundancia Ilimitada" tiene la clara intención de brindarte herramientas prácticas y sobre todo PROBADAS, para que puedas compartir con tu entorno más cercano "la mejor versión de ti", todo lo bueno que hoy tienes en tu vida; y esto se logrará únicamente cuando de manera consciente comencemos a mejorar la relación con nosotros mismos y los que nos rodean; la relación con el dinero y la relación con nuestra salud.

Para darte un contexto de dónde venimos, quiero contarte que todos los temas que hemos compartido a través de Despertar, habían sido exclusivos para mujeres, así que si eres un hombre, no te preocupes, en Despertar no somos feministas; no buscamos que la mujer se empodere para competir con los hombres; sino mas bien queremos, de manera honesta y transparente, que aprendamos a compartir entre hombres y mujeres. Este libro es muy especial para nosotros porque por primera ocasión y gracias a la insistencia de cientos de mujeres, Gustavo y una servidora hemos decidido compartir con hombres y mujeres una filosofía de vida en la que creemos y hemos aplicado en nuestro matrimonio, así que relájate, prepárate y vamos a compartir y aprender juntos.

Dentro de este libro vas a encontrar alunos espacios para escribir que vienen en blanco. ¡También úsalos! Son tuyos. Si durante la lectura te llega algún pensamiento o alguna idea que quieras recordar, anótala en los espacios en blanco o en un post-it y pégalo en el libro, pero no dejes ir ningún pensamiento.

Tienes que estar alerta durante toda esta lectura y también tienes que estar alerta durante toda tu vida. Te voy a comentar por qué: tú vas al volante de tu propia vida, el cuerpo es tu vehículo. El que lleva el control es quien va al volante, ¿no? Muchas veces no tenemos ese control y eso nos puede llevar a chocar, es decir, a tener un resultado negativo en nuestras vidas. Cuando no tienes ese control firme en tu eje para ver qué está pasando en tu vida, entonces no puedes hacer nada.

Somos parte de un Universo. Y ese Universo siempre está en continua expansión y crecimiento, siempre está cambiando. Y por ser parte de este Universo, tenemos que estar viviendo con esa abundancia y en armonía con él.

Mi papá decía que: El ser humano es como las estaciones del año: a veces vive en primavera, verano, otoño o invierno; siempre hay cambio y evolución; así que, si hoy no la estás pasando nada bien, no te me traumes, sino más bien ocúpate, porque este período de tiempo pasará como el invierno; y también por otro lado, si hoy estás viviendo la primavera en tu vida, disfrútala, agradece y sigue avanzando en esta gran experiencia que llamamos vida

Estamos aquí para ser felices y disfrutar. Todo empieza con nosotros. A veces existen situaciones que nos preocupan o estamos adoptando problemas ajenos que nos abruman y no nos dejan disfrutar de nuestra vida. Por eso es importante que empieces a ser consiente que tú estás al volante y que sólo tú decides y eliges cómo te sientes.

Nuestro mayor deseo es que cada vez más seres humanos sean más felices, y más plenos, para que así, todos podamos vivir en armonía con todo el Universo.

Cada uno creamos nuestra propia abundancia o miseria. Independientemente de cómo hayamos nacido, si tuvimos muchas facilidades o no las tuvimos, o incluso si las tuviste antes, pero ahorita ya no las tienes, eso sucedió o esta pasando porque tienes que vivir ese aprendizaje. Tú tienes que decidir que tú eres responsable y eres quien tiene el control del volante.

Este libro te va a ayudar a posicionarte en ese eje de grandeza y valor que tienes como ser humano. Y a partir de ahí, empezar a plantear lo que tengas que cambiar en tu vida. Porque si no lo cambias, nadie más lo va a cambiar por ti. Nosotros siempre decimos que: "para cambiar tu vida, necesitas cambiar tu vida", así que nos da mucho gusto que hayas decidido iniciar la lectura de este libro.

Además queremos ayudarte a que puedas compartir la mejor versión de ti. El Universo está en cambio, siempre ves un amanecer diferente al otro, un árbol va cambiando a lo largo del año. Igual es el ser humano. Este libro busca apoyarte para que día con día estés compartiendo con tu entorno la mejor versión de ti mismo, que estés en constante evolución y aprendizaje a lo largo de toda tu existencia.

Durante nuestro caminar hemos encontrado historias y claves que ciertas personas han implementado durante toda su vida y les ha dado muchos resultados positivos, claro, además de las nuestras, y ¡tu ahora tienes la oportunidad de tener toda ese conocimiento en este libro!.

Estamos para vivir en abundancia. Y de repente esto no lo creemos por todo el caos y toda la negatividad que nos envuelve. Si dejamos eso, estando alerta, podemos ir mejorando nuestro entorno. ¡Te lo aseguro!; así que, no tomemos más tiempo con esta introducción y vamos a comenzar esta gran aventura juntos.

Con Cariño

Ana María Godínez y

Gustavo Hernández

"Sé que puedo lograr cualquier cosa que me proponga, soy una persona, exitosa, feliz, amigable, sana, plena y estoy aquí y ahora para compartir con todo el que me rodea la mejor versión de mí. ¡Soy feliz y vivo en abundancia!".
–Ana María Godínez

CONTENIDOS

CAPÍTULO I
DE DÓNDE VENIMOS

"Si quieres cambiar los frutos tendrás que modificar primero las raíces. Si quieres cambiar lo visible, antes deberás transformar lo invisible".

— *T. Harv Eker*

Para comenzar y con el objetivo de que disfrutes esta lectura, quiero compartirte que "Despertar" nació cuando, en un momento agitado de mi vida, decido hacer un alto y me siento en la banca de un lindo parque de mi ciudad, ya que quería pensar con calma y tomar perspectiva de lo que estaba pasando en mi vida.

A ese suceso que ocurrió ahí, decidí llamarle "la banca" y es por eso que en el primer taller de Despertar a la Armonía compartí con la audiencia la reflexión de "la banca", y ahora en este libro quiero comentarte que "La banca" son todos esos momentos de introspección, de ver dentro de mí para ver qué está pasando con mi vida. Son esos momentos en los que tengo que "irme a sentar". Son esos momentos en los que tengo que ponerle un "stop" (un alto) a mi existencia y situarme en el centro de mi vida. Tomar ese volante y observar qué estoy haciendo de ella. Siguiendo con la analogía del coche, es como poner el freno de mano para hacer ese alto forzoso y analizar qué es lo que está pasando.

Este libro, para ti, va a ser como un Alto en tu vida. Lo que te compartamos te va a hacer reflexionar, te va a hacer poner acción en lo que estás haciendo de tu vida.

Muchas personas nos preguntan: y ¿esto de la banca, la reflexión, es bueno hacerlo frecuentemente? Y siempre la respuesta es: ¡Por supuesto! Porque de repente estamos en una carrera que nos va llevando, nos va llevando, vamos en una autopista de gran velocidad y cuando te das cuenta ya tienes 40, 50, 60 años. ¿Y qué has hecho?

Este alto es parte de empezar a ser congruente con "Vivir MI vida". Eso es "la banca".

Cuando estamos sentados en esa banca, ahí, con calma, podemos identificar qué queremos y a dónde vamos. Porque cuando andamos corriendo, traemos un caos mental que no nos permite ocuparnos de la persona más importante. ¿Quién es la persona más importante? ¡Tú! Por eso tenemos que estar en calma.

Cuando nos sentamos en la banca, podemos empezar a soñar, a forjar esas cosas alcanzables: esas metas y esos sueños, sean chiquitos o sean enormes, ¡no importa! El punto es que tengamos ese motor en la vida, de estar mejorando para estar logrando lo que queramos para nosotros y para los que nos rodean.

Es importante, primero para ti mismo, sobre todo para las mujeres, ya que por el hecho de ser mujeres, siempre compartimos y damos toda nuestra energía y lo que podamos, pero luego nos queda bien poquito para nosotras.

Despertar busca cambiar la perspectiva: y esta es que trabajemos hombres y mujeres primero por nuestros sueños, por estar bien, que logremos lo que mas deseamos, que trabajemos, para que todos a quienes les compartimos (tu familia, tus papás, pareja, tus hijos, tus compañeros de trabajo, tu entorno) te vean como un ser humano completo, que vive su vida plenamente y feliz. Esto sin duda funciona cuando empezamos a tomar responsabilidad en nuestra vida y nos ponemos en primer lugar como prioridad; esto no quiere decir que nos volvamos egoístas y que no le ayudemos a nadie; sin duda, podemos seguir ayudando, pero…. También trabajando en nuestra propia felicidad.

Pilares

Este camino de tomar la responsabilidad de nuestras vidas, lo ha recorrido mucha gente antes que nosotros. Todos los seres humanos que han logrado algo en su vida han decidido identificar qué es lo que quieren. Y es aquí donde aparece el primer pilar de la filosofía de Despertar y es la ACTITUD MENTAL POSITIVA, ya que todas las personas que han logrado algo en su vida la han utilizado como su mayor recurso para lograrlo.

Siempre comento con total honestidad que el lograr nuestros sueños o metas no es un camino fácil, si lo fuera, todo mundo llegaría.

Es un camino donde de repente tienes obstáculos, de repente hay aprendizajes o fracasos que te frenan y no te permiten avanzar. La actitud mental positiva es clave porque es el principal recurso que tenemos para estar bien, para estar sanos y para trabajar por nuestros sueños.

Otro pilar importante dentro de Despertar es la PERSONALIDAD AGRADABLE. Tengo que quererme, tengo que valorarme, que me vea al espejo y diga: "¡Qué bárbaro! ¡Estoy hermosa! ¡Estoy guapo! ¡Qué bien me veo". Si hoy no puedes decir eso, tienes que trabajar. Porque para tener una personalidad agradable que sea agradable a los demás, primero la tienes que abrazar tú mismo. Primero te tienes que querer y valorar.

El tercer pilar es CREER EN TI Y ATREVERTE. Tienes primero que valorarte para entonces creer en ti. Y una vez que crees en ti, se desarrolla una fuerza y un poder interno que te hace luchar, y a pesar de los obstáculos o las derrotas que vas teniendo, te levantas y sigues avanzando. Porque sabes que nadie en la vida te va a dar las cosas. Tú tienes que trabajar por ellas.

Y el cuarto pilar indispensable es la ACCIÓN. Puedes tener muy claro y un plan súper estructurado de hacia dónde vas, pero no tomas acción. Sigues ahí en tu zona de confort y no pasa nada con tu salud, con tus finanzas, con tus relaciones personales, contigo mismo. Si tú identificas que tienes que tomar acciones específicas en algún ámbito de tu vida, lo tienes que hacer. Porque si no tomas esa acción, nadie lo va a hacer por ti y la mayoría de los seres humanos queremos que todo mundo haga algo por nosotros, para que YO esté bien. La realidad es que no. Yo estoy al volante y si quiero ir derechito o si quiero ir muy lejos y disfrutar el paisaje, yo tengo que empezar a trabajar por esa vida.

¿Qué es lo que buscamos con Despertar? Que más seres humanos vayan recorriendo ese camino con esos pilares y con otros elementos, como el agradecimiento, para que cada cierto tiempo toquen a la puerta de sus sueños para que los disfruten.

Y una vez que hayan disfrutado de ese sueño, busquemos algún otro. Porque eso es lo que le pone diversión a la vida. Los sueños o metas son un motor indispensable en la vida de todo ser humano, ya que nos motivan, nos mueven a hacer y aprender nuevas cosas; nos permiten reunirnos con personas diferentes que nos apoyen a lograr lo que queremos; en fin, son muchos los beneficios que un sueño o meta le dan a cualquier persona.

Acompañante Incansable

Ahora te voy a presentar la historia de alguien que nos apoyará para hacer más divertido y agradable este capítulo. Su nombre es: Fátima.

Ella siempre nos acompaña en Despertar y nos ayuda a entender los temas o creencias que son difíciles de abordar por el ser humano. Fátima, como tú o como yo, ha tenido también un proceso de crecimiento, de trabajo continuo. A veces las cosas no le salen perfectamente bien o como ella había planeado; sin embargo, Fátima aprendió en un libro de Napoleón Hill (que te recomiendo que lo leas) que una gran ayuda para lograr tus metas y sueños es leer biografías de diferentes personas que hayan demostrado ser exitosas, y esto le ha ayudado a entender que todo ser humano es capaz y puede lograr cualquier cosa que se proponga. (Como comercial, no está mal que tú, estimado lector, también comiences con el hábito de la lectura.)

Volviendo a este libro: a lo largo de su vida, Fátima ha aprendido que ella o cualquiera de nosotros tiene las mismas oportunidades de hacer realidad lo que tenga en la mente; sin duda tú, en tu propia vida al igual que Fátima has trabajado y puesto acción para que sucedan tus sueños o metas, además de la acción de cualquier persona que ha logrado algo en su vida. Ha sido porque creyó en sí misma, se atrevió, decidió qué quiso y al final lo logró.

Al igual que otros seres humanos y con toda la inspiración que tiene en su mente, una vez Fátima llegó a ese sueño que tanto deseaba, lo materializó gracias a su compromiso y acción continua; cuando lo logró, ella misma se sorprendió de lo padre que se sentía ese logro, porque lo hizo por ella misma. ¡Fue capaz!.

Conforme Fátima fue logrando más sueños en su vida, empezó a descubrir más información, nuevas herramientas; y algo que marcó su vida fue entender que como seres humanos tenemos grandes tesoros, como la familia, las aventuras, los viajes que hacemos y que al final llenan nuestra mente de experiencias positivas, y al reconocer todos estos tesoros pudo seguir avanzando para lograr nuevos sueños.

Fátima, en esta experiencia de lograr sus sueños, descubrió también diferentes aliados que le han ayudado en su vida a salir adelante.

Uno es el agradecimiento. Si no somos agradecidos por lo que tenemos en la vida, no vamos a ser felices y plenos.

También Fátima descubrió que para lograr lo que tenía en mente debía sentir pasión por lo que estaba haciendo. Cuando no sentimos eso, nos cansamos y nos frustramos y por lo tanto no vamos a lograr nada.

Siempre Adelante

Un personaje muy importante que ha acompañado a Fátima en toda su historia es una RANA. La rana, por sus características físicas, no puede ir hacia atrás, sólo va hacia adelante: va brincando, va llegando a donde quiere llegar. Por eso en Despertar y en la historia de Fátima, la rana ocupa un lugar muy especial. Como seres humanos debemos ser como ranas que avanzan siempre adelante.

En la vida diaria de todos nosotros, la rana siempre será nuestro mejor aliado. Porque como seres humanos tenemos que estar caminando hacia delante, no estar retrocediendo. El pasado nada más nos angustia, nos frustra y nos reprime. El presente, si lo vivimos bien, lo podemos disfrutar. Si no vivo el presente y nada más estoy viendo hacia el futuro, siento que me faltan cosas. Entonces empiezo a sentir ansiedad y también me causa frustración.

La rana te permite ir hacia delante. Te tienes que mover. En la vida no hay ningún ser humano que esté nada más parado. En la vida, estás avanzando o estás retrocediendo. Como comercial, te recomiendo comprarte una rana para que siempre tengas un recordatorio positivo que te permita seguir avanzando hacia delante en todos los aspectos de tu vida.

No sé en qué momento de tu vida te encuentres, pero si estás retrocediendo, ponle el freno de mano, porque tú tienes el control. Una vez que retomes el control de tu vida, que sabes lo que tienes que hacer, quítale el freno de mano y sigue para adelante. Eso es un trabajo personal.

Retomando la historia de Fátima, ella tiene a su mejor aliado que es la rana y por eso es capaz de visualizar todas las posibilidades que tiene a su alcance. Porque entendió que está en un Universo que vive en abundancia y que hay muchísimas cosas para ella y para todos. Pero para poder vivir esa abundancia, primero tiene que reconocer que la quiere. Si no lo reconoce, no va a llegar a ella. Y así como Fátima podemos estar todas las personas que leemos este libro, que no reconocemos ese valor, esa abundancia que tenemos como mujer o como hombre.

En tu vida y en mi vida vamos vivir cosas diferentes, etapas donde estamos al 100% y etapas donde no tanto (sinceramente, espero que sean las menos etapas de tu vida). La vida tiene cambios, y así como Fátima llegó a alcanzar muchos de sus sueños, de repente Fátima se dio cuenta que a pesar de todo ese camino que había recorrido, hubo un momento en el que se descuidó, se desconectó y dejó de ponerse metas o sueños. Y de repente ya no es la misma que en toda esa aventura había sido. Por favor, no la juzgues. Simplemente le pasó lo que a muchos: llegó a su sueño, lo alcanzó y se relajó, pensó que ya todo estaba bien en su vida y que lo tenía todo, no planeó a futuro y ahora ya no tiene dinero, se siente frustrada porque sigue teniendo sueños, quiere seguirse divirtiendo, quiere seguir logrando cosas, y ha reconocido con honestidad que se encuentra en su zona de confort; el reconocerlo de esta manera la incomoda y le permite reconocer que ella es la única responsable de lo que le pasó: llegó y se estacionó.

Entonces se dio cuenta nuevamente que ella es la que tiene el volante. Está sola, porque si Fátima no hace algo para cambiar esta situación, nadie lo va a hacer por ella.

En este punto, Fátima se vuelve a sentar en su banca. Se vuelve a situar en este ahora. Y empieza a reconocer lo que logró, lo que hizo mal, lo que dejó de hacer. Está solo ella, sin juicios y sin que nadie le diga lo que tiene que hacer. Está en paz.

Ese momento es en el que te voy a pedir que te sitúes antes de comenzar a leer este libro. ¿En qué momento de tu vida estás TÚ?

No hay ninguna distracción, eres parte de todo este Universo que está aquí. Es momento de quedarnos pensativos como Fátima, como en muchos momentos de nuestras vidas, porque a veces no sabemos qué hacer, o no sabemos para dónde vamos, o estamos logrando esas metas y no sabemos qué sigue. Eso provoca angustia.

Por favor responde con honestidad: ¿En qué momento de tu vida te encuentras tú?

_____

_____

_____

_____

_____

_____

_____

_____

Este es un momento de reflexión, como el que vivió Fátima. Ahí está la rana presente, como esa energía para recordarte que siempre tienes que moverte si quieres avanzar.

Fátima fue valiente y tuvo el coraje de salir de su zona de confort, reconoció que tiene que hacer cosas diferentes, y decidió que va a hacer algo para cambiar lo que en su vida está mal.

Y en esos momentos de reflexión que todos tenemos, gracias a que Fátima se sentó en su banco y comenzó a observar, de repente se sorprende al ver un árbol de manzanas muy frondoso. Al observarlo, pensó: "Ese árbol no se preocupa de todo lo que tiene que hacer, simplemente está viviendo. Alguien le puso agua y lo abonó para que creciera con tanta abundancia".

Entonces Fátima se dio cuenta que ella misma (y todos nosotros también) somos como un árbol: en la vida tenemos frutos. Y los frutos hay que disfrutarlos (como cuando te comes una manzana). Una vez que terminamos, si queremos otro fruto hay que trabajar para que florezca de nuevo.

La vida es como un árbol: si tenemos pensamientos y creencias positivas y ponemos acción, lograremos frutos ricos. Pero si tienes pensamientos negativos y no ocupas tu vida con algo, ¿vas a tener frutos ricos? ¡Claro que no! Vas a tener lo mismo que sembraste en tu mente.

Como seres humanos, no nos podemos quedar como un árbol, quietos, esperando que el Universo haga por nosotros todo el trabajo y el proceso necesario para que podamos florecer.

Y volviendo a ese parque donde se encuentra Fátima: la rana siguió explorando, y al bajar un poco más, la rana guió a Fátima hasta las raíces de ese árbol tan frondoso que habían encontrado. Lo que vieron fue que las raíces de este árbol eran fuertes, las raíces de ese árbol son la base que sostienen esa grandeza que podemos ver en la superficie.

Vamos a dejar un poco a Fátima y vamos a entender claramente, que así como las raíces de ese árbol, los seres humanos tenemos algo similar: nuestras raíces son los pensamientos. Si yo no tengo raíces positivas, es decir, pensamientos positivos, lo que voy a dar a mí, a mi entorno, a la gente con la que comparto, es negatividad o va a ser inconsistencia.

Si yo siembro y cultivo pensamientos positivos en mi mente, automáticamente voy a dar cosas positivas y voy a estar plena, feliz, disfrutando de esos frutos.

Si quieres modificar cualquier cosa en tu vida, lo primero es identificar qué hay en tu mente, tus creencias. Para que ese árbol que es tu vida sea frondoso y esté lleno de frutos ricos, debe tener raíces firmes que le permitan sobrevivir.

Si tienes raíces (pensamientos) negativos, te vas a enfermar, vas a rechazar toda esa abundancia y toda esa riqueza que está ahí en el Universo. No te vas a sentir merecedor de todo lo que está ahí para nosotros.

Tenemos que ser nuestros propios auditores para ver qué estoy pensando, todos los días de mi vida.

Te voy a dar un tip que funciona muchísimo: cuando estás hablando o cuando estás compartiendo con alguien, hazte consciente de lo que estás diciendo. Si estás diciendo algo negativo, detente un momento. Esa es la única manera en que podemos fortalecer nuestros pensamientos. Que yo me audite de cómo estoy pensando, sin duda, marcará la diferencia en mi vida, en mis emociones y por lo tanto en mis resultados.

Todos los pensamientos negativos son como basura. ¿Qué pasa si dejas que tu casa se llene de basura? Va a oler feo, va a contaminar el ambiente, vas a estar a disgusto, te vas a enfermar. Lo mismo son los pensamientos negativos: te enferman, te contaminan, te llenan de pobreza.

Estrategia de Abundancia

Aquí te voy a presentar un primer ejercicio para empezar a fortalecer esas raíces tuyas. A lo largo de este libro vas a encontrar varios ejercicios parecidos. No te boicotees ni te hagas daño a ti mismo, tienes que ser súper honesto en todo lo que respondas. Es para ti, nadie más lo va a saber. Puedes escribir con toda sinceridad lo que sientas en estas hojas.

¿Cuál es esa estrategia con la que vas a disfrutar cuando tengas 60 o 70 años y puedas descansar? A estrategia me refiero a ese "método" o conjunto de acciones, a ese plan que has armado (o apenas vas a armar) para convertir esos años en Años Maravillosos.

Para que me entiendas mejor, cuando hablamos de "La estrategia", es así de fácil como en la escuela: recuerda cuando estamos al final del semestre para pasar de año, tú y cada uno de tus compañeros tenían estrategias específicas que se traducían en acciones que al final hacían que pasaran o reprobaran el año. Relájate. Vamos a hacer memoria. Por ejemplo, una estrategia que yo tenía era hacer muy bien los trabajos porque eso me sumaba puntos y al final, si no salía bien en los exámenes, ya tenía el punto de pase por el trabajo; otra estrategia era hacer acordeones para que si algo se me olvidaba tenía el recordatorio. Otros hacían la barba al maestro, otros hacían mapas mentales, etc.

Cuando acabamos la escuela se nos olvida esto que es tan valioso y muchos dejan de hacer estrategias para implementar en su vida y ser los mejores en su trabajo, familia, etc.

Es por esto que ahora es tu turno. Te pido que ahora reflexiones acerca de ti mismo y que respondas la siguiente pregunta con total honestidad. Puedes extenderte tanto como lo necesites para expresar tus ideas:

¿Cuál es tu Estrategia para ser Feliz en tus Años Maravillosos?

_____

_____

_____

_____

_____

_____

_____

_____

_____

_____

¿A qué te mueve lo que acabas de escribir? ¿Qué debieras hacer, modificar o implementar de inmediato en tu día a día?

Todos los pensamientos generan emociones y las emociones se materializan en este mundo físico. Si yo tengo pensamientos de negatividad, de tristeza, de pobreza, de enfermedad, entonces mis emociones son de ansiedad, de miedo, de poca fe. ¿Cuál va a ser el resultado? ¡Pues negativo o inconsistente!

Semilla para Vivir en Abundancia

Tú no eres la grabación, sino la grabadora:

Normalmente, vamos grabando en nuestra mente muchas cosas. Recuerda que tú eres la grabadora. Tú puedes poner *stop* para evitar que se graben ciertas cosas de tu entorno. Cuando somos pequeños, nuestros papás graban muchos pensamientos de riqueza o de pobreza en nuestras mentes de niños. Por esto creces con ciertos pensamientos que sigues repitiendo a lo largo de tu vida, como disco rayado. Eso es lo que nos permite accionar en algunas ocasiones.

Cada pensamiento que tengas:

Será un costo o una inversión. Es decir, cada pensamiento que tengas en tu vida te puede llevar a disfrutar de una mejor manera tus años maravillosos o cargarte con consecuencias que tendrás que llevar a lo largo de toda tu vida.

Te llevará a la felicidad y prosperidad o te alejará de ellas. Tú estás al volante de tu vida. Tienes que ser consciente de todos tus pensamientos y hacerte responsable si tienes que regrabar algún pensamiento negativo, con cosas positivas para tu vida. ¡Lo tienes que hacer! Recuerda que nadie va a hacer nada por ti. Si no lo haces, vas a seguir teniendo ese costo de pensamientos negativos que te va a llevar a la pobreza, a la enfermedad, a la miseria. Por eso en este libro vamos a compartirte nuevas creencias para que las vayas grabando en tu mente y te ayuden a avanzar para alcanzar esa abundancia que mereces en tu vida.

Recuerda que: "No hay ningún pensamiento que viva en tu cabeza sin pagar alquiler".

"Puedes tener todos los conocimientos y experiencia del mundo, pero si tus pensamientos no están programados para el Éxito y Abundancia, estás condenado a fracasar"

SECCIÓN UNO
TU RELACIÓN CON TUS RELACIONES

CAPÍTULO II
TU RELACIÓN CONTIGO

"La capacidad de crear relaciones mágicas en tu vida empieza y termina en ti "

Si tú no te valoras, si tú no tienes una relación contigo mismo donde te valores y te quieras, ¿crees que tu entorno te va a valorar? ¡No!

Tienes que empezar con tu relación contigo mismo, ver qué está pasando en tu vida y de ahí, trabajar en la relación con tu entorno.

Ese es el primer pilar para vivir en abundancia: las relaciones contigo y los demás. Pero la primera que debes analizar para poder avanzar es la relación contigo, con tu persona.

Para empezar con este primer pilar para vivir en abundancia, es muy importante que contestes con toda sinceridad la siguiente pregunta.

Analiza tus relaciones, desde las más cercanas (tus papás, pareja, hijos y continúa con tus compañeros de trabajo, etcétera). Recuerda que debes ser completamente honesto: si la relación contigo mismo no está bien, o cualquier otra, describe cómo te gustaría que fuera en un escenario ideal.

¿Cómo te gustaría que fueran tus relaciones afectivas todos y cada uno de los días de tu vida?

_____

_____

_____

_____

_____

_____

_____

_____

_____

Para poder generar este tipo de relaciones sanas y enriquecedoras con todo lo que te rodea, es necesario que empieces contigo mismo.

Y tienes que empezar contigo, porque ahí es donde inicia toda relación. La capacidad de crear relaciones mágicas en tu vida empieza en tu propia mente.

De repente podremos tener ciertas dificultades en alguna relación cercana que puede ser con tu mamá, tu papá, tu esposo, tu pareja, etc. Pero no te das cuenta que eres tú quien crea esas relaciones conflictivas. No lo haces consciente en tu mente, te enganchas y es entonces cuando empieza todo el caos.

Para tener una relación que no te duela, que te permita avanzar y que a las personas con las que te relaciones también las mantenga plenas, tú eres quien debe asumir esa responsabilidad y esa confianza de convertir nuevas relaciones en tu mente.

Si deseas vivir realmente una vida plena, lo único que debes hacer es asumir la total responsabilidad por el modo en que decides relacionarte contigo y con todas las demás personas.

Desafortunadamente, a la mayoría de las personas no les gusta ser responsable. ¡Borra esa creencia de tu mente! Si los tienes, debes quitarte esos pensamientos. Recuerda: Tú eres responsable de tu vida.

De repente tenemos problemas con las personas con quienes nos relacionamos en nuestro entorno (por ejemplo, quizás con una hija adolescente, con tus padres o con tu cónyuge). Y queremos engancharnos, culpar a la otra persona de que la relación no es del todo sana y queremos convencerlos de nuestra verdad. Empieza a cambiar tú mismo, en primer lugar y evita engancharte en esas dinámicas que los lastiman a ambos.

Cuando haya un problema, confunde a la otra persona y reacciona de una manera diferente a la reacción agresiva que instintivamente puedas sentir. Haz cosas diferentes, pero con amor.

No hagas lo mismo de siempre que termina desembocando en más conflictos entre ustedes. A eso se refiere el empezar a ser responsables de nosotros.

La realidad es que según piensas, así será. Si tú piensas que puedes tener una relación mágica con tus hijos, con tu pareja, con tus padres. ¿Qué crees? Esos pensamientos tuyos te van a llevar a que la puedas tener.

Pero tienes que hacer cosas diferentes. No por pensarlo ya por eso la otra persona va a ser más amorosa. Tú tienes que empezar a ser diferente para que el otro vea el cambio.

Tus sentimientos acerca de ti y de las otras personas comienzan en la mente.

En ocasiones, nos juzgamos y nos hacemos ideas falsas de las personas… ¡sin ni siquiera haber cruzado palabra con ellas! Apenas las ves, las "escaneas" y ya empiezas a imaginar cómo debe ser y aún sin conocer a la otra persona, ya te desagrada y bloqueas esa relación que a lo mejor pudiera darse.

Recuerda que eres tú quien empieza a crear esas relaciones mágicas.

Lo mismo ocurre con el dinero. Debes tener tu mente abierta para recibir la abundancia que te corresponde y no cerrarte o rechazar el dinero.

Todo comienza en tu mente. Sean relaciones con otras personas, con el dinero, con tu salud. ¿Tú crees que puedas estar bien con un sobrepeso que dañe tu bienestar? ¡Tienes que cuidarte y echar a la basura lo que no te sirva!

Por eso la siguiente pregunta que te pido que contestes es un ejercicio fabuloso y que va a ser muy importante para ayudarte con tu crecimiento.

Imagínate que puedes verte a ti mismo, como espectador, como si vieras desde afuera la película de tu vida y responde:

¿Qué te encanta de ti?

_____

_____

_____

_____

_____

_____

A lo largo de nuestra vida nos han enseñado que eso está mal, que no es bueno que uno se reconozca a sí mismo, le ponen etiquetas como que es "egolatría" o "ya se nos subió". ¿Por qué nos dicen que está mal que reconozcamos qué nos encanta de nosotros mismos? Porque hay muchas cosas malentendidas en relación a esto.

Si reconoces lo que te encanta, tu grandeza, por qué te quieres, por qué vales, ¿crees que puedas estar más feliz y tener mejores resultados? ¡Claro que sí! Y por eso en ocasiones no nos dejan que lo veamos así de claro.

Si en esa pregunta que respondiste más arriba solo pudiste escribir una cosa o sólo pudiste pensar en cosas negativas, ¡es normal! Porque estamos acostumbrados a ver sólo cosas negativas en nuestra vida.

Pero en este momento no debes pensar en todo lo que no te gusta de ti, sino en esas cosas que te encantan, que reconoces que haces de una manera que nadie más que tú podría hacer.

Aprovecha este momento para abrazarte a ti mismo, para valorarte, para reflexionar en todos los aspectos de tu vida acerca de esas cosas que te encantan de ti mismo.

No te quedes solamente con lo que escribiste. Reflexiona más a fondo, síguelo pensando y verás que pueden salir más cosas.

Ahora... ¡compártelo! Cuando salgas a la calle, comparte con los que te rodean eso que te encanta de ti. Cuando estés atorado en un súper problema y pienses que no puedes salir, recuerda qué te encanta de ti. Porque eso cambia automáticamente tus emociones y te permite empezar a descubrir opciones. Pero si te enganchas en lo negativo, no vas a poder salir de ahí.

Todo lo que encanta de ti debes estarlo recordando día a día. Puedes, por ejemplo, anotarlo en notitas y dejarlas en lugares de tu casa o tu trabajo donde puedas verlas todo el tiempo.

Porque tristemente muchas veces no nos queremos o no nos valoramos. Si tú no trabajas eso de ti mismo, los demás no lo van a ver. Si los demás no ven ese tesoro de ti mismo, es tu responsabilidad.

Tampoco puedes esperar que todo mundo te esté diciendo qué les encanta de ti. ¡No! Los demás también tienen sus propios problemas.

Aquí eres tú quien debe hacerse responsable de lo que te encanta de ti mismo y estarte recordando esa lista. Nuestro mayor deseo es que poco a poco vayas acrecentando esa lista.

Espero que de verdad todo lo que vayas anotando ahí te encante y que con esas cualidades que posees, encantes a todos a tu alrededor.

Todo se puede cambiar, pero lo importante es que identifiques qué es lo que debes cambiar y que dejes de poner pretextos para empezar a actuar.

La relación contigo es la más importante.

Semilla para Vivir en Abundancia

Recompensa tus éxitos:

De repente no nos gustan los éxitos porque una vez que llegamos a nuestras metas ya no hacemos nada.

Recompensar tus éxitos es, por ejemplo, ir a tomar un café con tus amigos para compartirles ese logro que acabas de obtener, o invitar a tu pareja al cine para que sea parte de ese éxito.

Porque si no, luego la vida se hace bien aburrida.

Es bueno hacer cosas para celebrar y compartir tus éxitos con quienes te rodean, pero hacerlo de manera consciente.

Muchas veces logramos cosas, pero no hay ese recordatorio que nos lleve a lograr todavía más.

Reconcíliate contigo mismo:

Empiézate a querer, empiézate a amar.

Si lo que ves en el espejo no te gusta del todo, te tengo noticias: el cambio lo tienes que hacer tú, porque nadie más lo va hacer.

En ocasiones ponemos muchos pretextos ("es que no tengo dinero", "es que no tengo tiempo", "es que no puedo", "es que no QUIERO" "es que…."). Pero sólo tú puedes reconciliar la relación contigo mismo.

Escribe diariamente 3 agradecimientos:

Realiza un diario de agradecimientos. En ocasiones es más difícil, porque tenemos problemas o atravesamos una situación desfavorable. Pero independientemente de eso, date el tiempo y la oportunidad para sentarte en la noche y buscar 3 cosas positivas que agradezcas.

Las personas más felices son las que agradecen, las que conscientemente le dicen a la Vida: "Gracias por esto… porque tengo trabajo… porque hoy pude comer… porque hoy pude compartir una cena con mis amigos…"

Tienes que agradecerlo, porque si no lo agradeces, no te va a llegar MÁS.

Brinca tu sombra:

"Brincar tu sombra" es salir de tu zona de confort. Es decir, hacer cosas diferentes en tu vida.

¡Atrévete a ser lo que quieres! No vivas lleno de deseos sin cumplir, porque eso se estanca y lo que se estanca se pudre. Y eso, al final, te amarga.

Debes ir identificando qué quieres hacer, para que brinques esa sombra y lo hagas.

Tómate un café con...

¡No importa si no tienes dinero para esto! Siéntate con calma en tu casa y ve un video en youtube de una persona que hable de cosas positivas y provechosas: "tómate un café" con el creador del video.

¿Te gusta leer? A través de ese libro "tómate un café" con el autor.

Aprende, porque si no te relacionas con personas diferentes, sea en un libro, sea en video, sea en vivo, entonces seguirás en tu mismo entorno.

Tú eres el promedio de las cinco personas con las que más convives. Si convives con puras personas negativas y mediocres, ¿qué crees? Serás una persona con rasgos de negatividad y mediocridad.

Si eres una persona que lee y se inspira con quienes lograron algo en esta vida, ellos son tus amigos. Tu mente y tu ser se llenan de opciones, se llenan de oportunidades. Porque eso es lo que tú ves.

Descubre un mundo nuevo:

Siempre acércate y conoce a personas nuevas. A veces da miedo, porque te sientes inseguro, pero brinca tu sombra. ¡No pasa nada!

Si te encuentras con alguien que no quiere platicar contigo, déjalo. Ya habrá alguien que sí quiera hacerlo.

Sé de ese tipo de personas que siempre está tratando de conocer gente nueva. Porque si te relacionas con otras personas, entonces tu seguridad crece.

En cambio, si te sientes chiquito y te da inseguridad porque te sientes menos, los demás no van a ir a buscarte. Uno tiene que tomar la iniciativa.

Selecciona lo que ves:

Selecciona qué es lo que alimenta tu mente: qué estás leyendo, qué tipos de noticieros ves (o programas en general), etc.

Sé selectivo, porque a veces estamos inundados de pura basura, de pura porquería, y eso es lo que metes en tu mente y después sigues repitiendo.

Tienes que ser muy selectivo. Si hoy tu entorno está en caos o con cosas negativas, sé selectivo y no te quedes solo con el lado malo de la información. Ve por los datos estables, ve por la verdad. No te quedes con pura falsedad.

Esto daña mucho y está dañando a nuestra sociedad.

Las noticias son un gran negocio, pero te dicen puras mentiras o lo que quieres ver. Si son mentiras y eso es lo que quieren que vivas, con pánico, con miedo, todo nervioso, ¡pues no las veas!

Ve haciendo tu mundo. Lo malo está ahí, pero trabaja para que con tu grano de arena esto mejore.

CAPÍTULO III
TU RELACIÓN CON TU ENTORNO

" *Tu carácter, tu forma de pensar y tus creencias constituyen una parte fundamental de lo que determina tu nivel de prosperidad y abundancia* "

Estamos en un Universo que tenemos que compartir. Tenemos que estar rodeados de gente que nos quiera, que amemos, de gente positiva que nos ayude a evolucionar y crecer.

Aquí te vamos a compartir algunas claves para que mejore sorprendentemente tu entorno, siempre y cuando tú así lo quieres y empieces por ti mismo. Nada más leerlo no va a mejorar nada. Tienes que hacer algo, tienes que actuar.

Lo primero que en esta parte queremos compartirte es que existe una fórmula (es casi una fórmula mágica) y la llamamos: "Relaciones en Abundancia".

El primer elemento para esta fórmula es una ausencia de juicio de ti y de los demás.

Para hacerte consciente de esto, pon mucha atención a las pláticas que tienes en cualquier momento de tu día. Si lo analizas conscientemente, te darás cuenta que el común denominador de la mayoría de las conversaciones son juicios.

Muchas veces no tenemos información, pero nos creemos expertos para juzgar a otros, aunque no sepamos qué está pasando por su vida.

Para quitar los juicios, debemos aprender a evitar asumir prejuicios cuando conocemos a una nueva persona y simplemente ver al ser humano que está ahí. Si algo me hace esa persona, en lugar de juzgarlo, lo mejor siempre es entender que algo está pasando en su vida y que eso que hizo no es contra mí, no tomarlo personal.

Estamos acostumbrados a juzgar mucho. Incluso a nosotras mismos nos juzgamos, nos culpamos.

Muchas veces la gente nada más está juzgando a otros porque no se quieren ocupar de su propia persona. El juzgar a otros es un distractor que ponemos en la vida.

Ausencia de juicio es darnos la oportunidad de conocer a una persona nueva, sin hacerme ideas antes de saber cómo es o qué está pasando por su vida. Si estoy en una relación, no voy a juzgar a la otra persona, sino ver al ser humano que hay ahí.

Siempre hay que permitirnos ver la grandeza que hay en cada ser humano, sea quien sea. Deja que las cosas pasen. No pongas tu filtro de siempre cuando apenas comienzas a conocer a una persona nueva.

Lo primero para tener relaciones sanas y saludables con tu entorno es evitar los juicios.

Otro punto importante en esta fórmula es que dejes de juzgarte a ti y que empieces a buscar todo lo que te encanta, todo lo que te gusta.

Si te das cuenta de que continuamente te estás juzgando, ¡ojo! Porque al hacer eso te estás saboteando. Pregúntate a ti mismo, ¿por qué estás haciendo eso? ¡Porque algo estás ganando!.

También debes de eliminar de tu rutina diaria o de tu manera de ser el juzgar a los demás, muchas personas juzgan a los demás por:

1. Es les fue enseñado o inculcado desde pequeños porque en su familia es común y ahora ellos no saben reconocer que eso es MALO.

2. Porque piensan que es mejor juzgar a otros que ocuparse de si mismos.

3. Porque detrás de esos juicios tiene un agenda oculta y logran conseguir cosas.

4. Porque son personas que definitivamente son "venenosas" y propagan el mal para mas personas.

Es por esto que siempre debes de ser IMPECABLE CON TUS PALABRAS como los lo dice el Don Miguel Ruiz en los Cuatro Acuerdos.

El ser Impecable con tus Palabras es lograr que tos palabras solo las uses para hacer el bien a los demás, que no hables más de alguien a sus espaldas, que lo que hables sean palabras constructivas.

El último elemento de está fórmula es: ocúpate de tu vida.

En ocasiones, sin tener datos, sin tener toda la información, nos ponemos a criticar y a juzgar a la otra persona y formamos toda una telenovela en torno a ella. ¿Qué estamos ganando con eso? ¡Nada! Sólo es una plática que nos genera daño. ¿Por qué no mejor ocupar ese tiempo con una plática constructiva?

Juzgar a los demás, en cualquier aspecto de tu vida o la de ellos, no te sirve de absolutamente nada. Sólo te alejan y provocan que tus relaciones no sean saludables.

Recuerda primero que debe existir una ausencia de juicio. Deja que las cosas pasen. Cuando conozcas a una persona nueva, no pongas tu filtro de siempre.

En lugar de estar analizando y pensando por qué cada quien hace lo que hace, aplica esa atención a lo que tú mismo estás haciendo. Si ocupas todo este potencial en ti mismo, te aseguro que vas a estar mejor en todos los aspectos de tu vida.

CAPÍTULO IV
RELACIONES EN ABUNDANCIA

" Prefiero ser feliz que tener razón "

En esta sección te vamos a compartir algunas claves para tener relaciones en abundancia. Y cuando decimos "en abundancia", nos referimos a relaciones que se disfruten, que estén en armonía, que fluyan para que tú fluyas.

Hay muchas teorías que te dicen que debes fluir con la vida, pero no sólo es "fluir", recuerda que también debes poner acción, tienes que hacer cosas, tienes que moverte.

Es muy fácil dejar que el Universo haga todo y yo "fluir" con el Universo, dejando que me arrastre, sin hacer nada. Las cosas no son así.

Recuerda que siempre eres TU quien debe de poner ACCIÓN a fin de que las acciones o cosas puedan suceder o materializarse.

La primer clave que te vamos a compartir para tener relaciones en abundancia es:

RAZÓN: Renuncia a la necesidad de tener razón.

Siempre las mujeres (muchas veces incluso más que los hombres), queremos tener la razón. Siempre queremos ganar en las discusiones. Siempre en una relación queremos demostrar que sabemos más que la otra persona. Eso te "permite" anular todo lo que dicen los demás.

Es muy difícil y agotador estar con personas que todo el tiempo quieren tener la razón. Esas relaciones no pueden disfrutarse. Si identificas que eres del tipo de persona que siempre quiere tener la razón o siempre siente que lo sabe todo, ten cuidado. Los demás no van a disfrutar de tu compañía y van a huir de ella.

Resiste a la tentación de hacer que la otra persona demuestre sus errores o tú tener la razón. Cada quien tiene su vida. Deja a los demás vivir sus propias vidas.

Obviamente, si la otra persona está haciendo algo riesgoso o ves que necesita tu ayuda, dale tu apoyo para evitar una situación peligrosa.

Pero si es un aprendizaje que tiene que tener esta persona y ya es un adulto, déjala. Porque a veces por eso no nos ocupamos de nuestra propia vida, por estar muy concentrados tratando de solucionar la de los demás.

Hemos observado mucha gente que se encarga de "solucionar" la vida de todos y siempre quiere tener la razón y la solución para todo, pero ves su propia vida y es una persona infeliz, no es plena, siempre se está quejando, siempre está justificando sus propios errores, pero no tiene tiempo para aprender de ellos, porque está muy ocupado tratando de que todo mundo "entre en razón".

Eso te aleja de las relaciones saludables.

Otra clave para tener relaciones en abundancia es:

ESPACIO: Deja espacio a los otros.

Lo primero es dejar a todos la opción de ser ellos mismos. Las mujeres por naturaleza tendemos a querer controlar muchas cosas, porque hacemos muchas cosas al mismo tiempo y nos sentimos muy capaces.

El problema es que en ocasiones, al querer hacer esto, imponemos nuestras opiniones y decisiones por encima de las de la otra persona y no le damos su espacio.

¿Sí o no a veces tú también quieres un espacio aparte para ti mismo? ¿O para dejar un momento a tus hijos encargados e ir con tu pareja al cine o a cenar?

Necesitamos espacio para poder ser felices. Tú mismo eres el que necesita empezar a dejar ese espacio.

La privacidad y el espacio constituyen regalos maravillosos.

Si quieres ese espacio para ti, es importante que hables y organices nuevos acuerdos con tu familia, para dejar que todos tengamos esos espacios de convivencia.

Otra clave para las relaciones en abundancia es:

POSESIÓN: Elimina la idea de posesión.

Con los hijos, por lo regular, tenemos muy en claro que en algún momento se van a ir para continuar con sus vidas.

Pero tenemos una idea de posesión para con los amigos, con los papás, con la pareja, queremos que todo mundo esté aquí conmigo. ¡No! Somos seres libres, que necesitamos desarrollarnos.

Nadie quiere ser dominado o controlado. Muchos de los problemas en una relación comienzan por el control que alguno de los dos quiere ejercer.

El punto es que tú seas libre y permitas que la otra persona también sea libre. Siempre hablamos en las parejas de la "media naranja". Pero esa "media naranja" es una persona completa. Tus hijos son personas completas. Deja que los demás se desarrollen, que vivan.

No tenemos ningún derecho de decirle a las personas que nos rodean lo que tienen que hacer.

Si es alguna situación de riesgo o de salud, ahí sí se tiene que proceder. Pero si no está en tu entorno o no es un peligro, ¿para qué te andas "colgando el chango" o cargando con los problemas de los demás? No te corresponde.

Si puedes ayudar y tienes datos, dáselos. Pero estar ahí, tratando de imponerte, no va a solucionar el problema.

Tenemos que ser muy selectivos en la idea de posesión que tenemos. Sobre todo al considerar dónde ponemos nuestro tiempo. Porque cada quien tiene que tener su espacio.

A nadie nos gusta sentir ese control y que no nos dejan ser. Tenemos que dejar ser.

Si dejo a la otra persona ser, yo también puedo ser.

Otra clave para las relaciones en abundancia es:

COMPRENSIÓN: No es necesario comprenderlo todo.

De repente queremos entender por qué una persona reaccionó de determinada manera o por qué me hizo esto o aquello, o por qué está metida en cierta situación.

No te enganches. No siempre tenemos que comprenderlo todo. Porque a veces eso nos puede llevar a querer "ganar" y demostrar que tenemos la razón. Y por querer tener la razón, sobreanalizo por qué me hiciste algo.

Si ya pasó la situación, deja que fluya. Ya pasó. Habla con la otra persona, lleguen a nuevos acuerdos y avancen. Con cualquier tipo de relación.

Las siguientes palabras son mágicas, y te ayudarán en esos momentos donde estás a punto de engancharte y regarla. "No lo entiendo, no necesito entenderlo y está bien así". Si tienes una situación donde quieres dar tu punto de vista y querer entender por qué la otra persona está actuando como lo hace, simplemente déjalo ser y ten un aprendizaje, muérdete la lengua y repite en el tope de tu mente "No lo entiendo, no necesito entenderlo y esta bien así". Si hay una situación, algo te está enseñando. Entonces, déjalos ser.

No comprendas. Simplemente toma los aprendizajes. Si es algo que te duele y te daña, tú no lo hagas a otros. Pero no tienes por qué comprender todo, no tienes que ser el psicólogo de todas las personas que te rodean.

Porque todo eso le resta potencial a tu propia persona. Por eso te cansas y a veces no puedes hacer muchas cosas, porque tu mente está ocupada en los otros.

En lugar de acercar las relaciones, lo que está haciendo es dañarlas y alejarlas.

Siempre el ego quiere ganar y demostrar. Necesitas dejar tu ego a un lado. Si se da la plática para compartir diferentes puntos de vista, está bien, pero no trates de que el otro tenga tu mismo punto de vista, porque tiene una realidad y un contexto diferente a ti. Por eso no se puede dar tanto peso a la comprensión, porque lo estás viendo desde tu perspectiva y el otro lo ve también desde su perspectiva. Y no pueden llegar a lo mismo.

Ahí es donde es importante que se dé la comunicación y el diálogo.

Otra clave para obtener relaciones en abundancia es:

QUEJAS: Deja de quejarte.

Haz un análisis en cualquier conversación y fíjate qué porcentaje de lo que hablan las personas o incluso tú mismo, son quejas.

Todo mundo se queja. Lo llamamos "el mundo de la queja", porque alguien se queja de algo y luego viene la otra persona con una queja más grande y parece una competencia, para ver quién se queja más. Si estás en un ambiente así, te tengo noticias: ¡no entres a ese juego!

Abstente de quejarte, pero tampoco estés imponiendo a los demás tu opinión de que no se quejen. Ellos no han leído este libro y no tienen el contexto.

La gente no es tonta y si uno deja de hacer ciertos comportamientos, ellos mismos empiezan a darse cuenta de las cosas en su subconsciente.

Las quejas te hacen víctima. Y las víctimas no tienen abundancia, no tienen salud, no tienen riqueza. Porque todo está hacia fuera de ellas. Las quejas nos hacen apuntar hacia todos lados y adoptar el papel de víctima de todos ellos. Eso no te permite tener el control de estar en tu volante y estar controlando tu vida.

Si eres una persona que siempre se está quejando de su salud, del jefe que tiene, del mal trabajo, ¡de todo!, ten cuidado. Porque eso va a seguir sucediendo si tú no haces cosas diferentes.

Con quejarte, no se soluciona la vida. Al contrario, contaminas y sigues teniendo más de esas cosas negativas que te hacen daño. Eres más agradable en la medida en la que dejas de quejarte.

La sexta clave para tener relaciones en abundancia es:

REALIDAD: Sólo lo que es...

Hay una situación en el momento que tú estás viviendo. Quita toda la emoción y enfócate a lo que es.

Para mejorar todas las relaciones en tu vida y en tu entorno utiliza el filtro "lo que es…". No te enganches en la situación, debes separar la situación de la persona y ser objetivo.

Tenemos que ser objetivos para tener buenas relaciones. Porque cuando no somos objetivos nos enganchamos y ahí es donde sucede todo el caos y los problemas.

Antes de que suceda todo lo demás, analiza desde afuera la situación. Salte de la película y empieza a observar qué está pasando ahí. Esto va a ayudarte a no lanzarte de inmediato a engancharte.

Te voy a compartir un ejemplo maravilloso. En un grupo de amigos que tenemos ya muchos años de conocer, se dio la situación de que todos nos empezamos a casar. Después, todo mundo empezó a tener hijos y nosotros no. En una ocasión fue el cumpleaños de uno de los hijos de nuestros amigos y no nos invitaron. Pudimos haber creado en nuestra mente una novelota de que era porque no teníamos hijos y que ya iban a empezar a alejarse de nosotros y perderíamos esa amistad. Pero viéndolo fría y objetivamente, lo que era es que no nos invitaron. Punto. Sin ninguno de los dramas o esas historias que luego podemos inventar y que muy probablemente serán falsas. Tiempo después hablamos con este amigo y resulta que todo fue una confusión. Si hubiéramos dejado que la emoción nos dominara, pudimos haber afectado negativamente esa relación por no quedarnos con lo que es.

Somos buenísimos para escribir historias y novelas de todo, que resulta que al final son falsas. ¿Para qué desperdiciar tiempo y energía en esas estupideces en tu mente que finalmente ni siquiera son ciertas?

Mantente en lo que es. Y eso te va a ayudar a mantenerte objetivo.

Lo que es, es. Si ya sabes que una persona es así (impuntual, que no cumple, que se le olvidan las cosas) acuérdate: dale su espacio, no controles, no comprendas. Lo que es, es lo que es. Una situación es un evento y la respuesta que yo tengo la debo filtrar con lo que es.

Eso te va a permitir quitar los juicios, quitar todo lo que pueda haber alrededor que nada más contamina y envenena tu vida.

Semilla para Vivir en Abundancia

La mente como clave para tus relaciones

La capacidad de crear relaciones positivas y mágicas en tu vida empieza y termina en ti. Si deseas mejorar la relaciones con tu familia más cercana, amigos y compañeros de trabajo y vivir realmente una vida satisfecha y feliz, lo único que tienes que hacer es asumir la total responsabilidad por el modo en que decides relacionarte con cada una de las personas que están cerca de ti.

Algo que te queremos dejar muy claro y es la parte difícil, es que no se trata en absoluto que las otras personas deben de cambiar para que tú cambies; tú debes ser la persona que inicie con total responsabilidad este cambio, para entonces sí, tener relaciones maduras y sanas con toda las personas que te rodean.

Hay una frase clave que dice: "según piensas así será", y cuando leemos esta frase en el contexto de las relaciones con otras personas podemos entender claramente que todas tus relaciones tienen que ver con el modo en el que piensas acerca de las demás personas de tu vida.

El doctor Wayne Dyer, en su libro "Tus Zonas Mágicas", hace una pregunta que tiene mucho que ver con el tema que estamos abordando, por lo que te vamos a invitar a que explores esta pregunta: ¿qué piensas acerca de esas personas con las que te relacionas? Recuerda que lo que tú piensas es lo que se refleja y que tus pensamientos tienen su origen en ti. Si piensas en lo que le falta a la persona a la que amas, esta será tu experiencia de esa persona y definirá tu relación, por lo que, automáticamente con esos pensamientos te verás inmerso en una rutina de desagrado y disgusto.

A continuación y para dar tributo al Dr. Wayne Dyer, de manera textual y con sus palabras queremos compartirte un ejemplo muy claro que te permitirá entender lo que hemos abordado en este capítulo.

Cuando otra persona se comporta de determinada manera, ¿procesas esta conducta de manera negativa, diciéndote: "me fastidia que haga eso", "ojalá se cuidaran más" o "me fastidia que haga esas tonterías en público"? Una actitud negativa hacia la persona con quien tienes una relación da sólo como resultado un aumento del disgusto y la negatividad . Sólo puedes actuar de acuerdo con lo que piensas, y no dispones para basar tu actuación más que de esa negatividad.

En lugar de procesar la conducta de otra persona a modo de juicio, como acabamos de describir, tú puedes elegir y tienes la posibilidad de procesar esa conducta de otro modo. Recuerda que no es él o ella quien está creando una mala relación, sino tú, por el modo en que has elegido pensar. Podrías decir, por ejemplo: "él sigue su propio camino, y en este momento necesita reaccionar así, pero tiene otras muchas y grandes cualidades que me encantan, voy a centrarme en ellas"; "quiero tener una relación estupenda", "voy a darle amor a pesar de su conducta" y si lo es en mi pensamiento, el conjunto de mi experiencia también lo será.

Este puede parece ser un método excesivamente optimista para nuestras relaciones con los demás, y puede incluso que parezca a primera vista poco honesto, puesto que esos comentarios no reflejan tus verdaderos sentimientos. Pero no olvides que tus verdaderos sentimientos proceden de tus pensamientos y que, si tienes interés en hacer realidad el mejorar tus relaciones, tendrás que pensar de manera diferente.

SECCIÓN DOS
TU RELACIÓN CON EL DINERO

CAPÍTULO V
TU Y EL DINERO

"El 80% de las personas jamás disfrutarán de la Libertad Financiera que le gustaría poseer, y también el 80% ni siquiera pretenderán ser verdaderamente felices "

El dinero es importante.

Mucha gente piensa y se convence de que: "El dinero no es tan importante". Esa es su grabación. Pero ese tipo de pensamientos los van a llevar a la pobreza.

Te pongo un ejemplo: ¿qué es más importante: tu brazo o tu pierna? ¡Pues ambos!

Es lo mismo con el dinero. Si por ejemplo para ti es más importante el amor que le das a tu familia, es también importante el sustento que puedas darles, porque es parte de ese mismo amor que sientes por ellos.

Por eso no se puede decir que el dinero no es importante.

Si no tienes una relación honesta de lo que para ti es el dinero y lo que significa para tu vida, no vas a tener dinero. Tan simple como eso.

Tu relación con el dinero es clave para vivir en abundancia.

Hay muchos países donde las personas están trabajando constantemente para forjar lo que llaman "su retiro". Y están preparadas para a los 50, 60 años, retirarse, no trabajar más y aún así seguir viviendo el estilo de vida que han llevado hasta ese momento.

En México y muchos países en el mundo no hay tal cosa. Lo único que hay parecido es una pensión o jubilación. Y aquí tenemos dos opciones: aquellos que trabajan en alguna empresa paraestatal grande que los pensiona y los pensiona bien. El problema es que los que están en esa situación no saben si va a durar para toda la vida.

La segunda opción son los pensionados del Seguro Social. Pero con esta pensión es muy poco dinero el que les dan a los beneficiarios.

Por eso es importante que los mexicanos aprendamos a relacionarnos con el dinero de una manera diferente a la que estamos acostumbrados a hacerlo.

Para comenzar con este tema, es muy importante que contestes primero las siguientes preguntas. Recuerda que para poder realizar un verdadero cambio en tu vida, es sumamente importante que respondas con total honestidad lo primero que esté en el tope de tu mente.

No lo pienses demasiado, pero responde todo. No pongas solo una cosa o dos, anota todo lo que piensas.

1. ¿Qué piensas del dinero?

_____

_____

_____

_____

_____

2. ¿Qué piensas de la gente que tiene dinero?

_____

_____

_____

_____

_____

3. ¿Cuáles son las frases comunes que escuchas en tu familia al respecto del dinero?

_____

_____

_____

_____

_____

4. ¿Cómo piensas mantenerte cuando tengas 60 años?

_____

_____

_____

_____

_____

5. Tomando en cuenta únicamente el dinero como tal (no propiedades, ni bienes, sólo dinero) que tienes, ¿a cuántos días estás de la Bancarrota?

_____

_____

_____

Tienes que ponerte en la realidad. Y la realidad es que todos tenemos cosas o cuentas por pagar. Ahora tienes un flujo de dinero que está entrando, pero en algún momento, por cualquier situación, ese flujo podría detenerse. ¿Cómo te sientes ante esa situación? Me imagino que mal, angustiado, preocupado.

Lo que queremos compartirte en esta parte son ideas para cambiar esta situación y eliminar la Pobreza de tu vida.

Siempre van a existir recursos abundantes. ¡Siempre!

Imagina por ejemplo la lluvia. Cuando llueve, el agua nos cae igual a todos, pero conforme va parando, empieza a fluir hacia, por ejemplo, quien tiene una presa. Y quien no está preparado para guardarla, siente que nunca se queda el agua con él.

Muchas veces culpamos a que "está muy dura la situación y subió el dólar" y un montón de pretextos que nos ponemos. La realidad es que SIEMPRE va a haber dinero. SIEMPRE va a haber gente con dinero. SIEMPRE va a haber posibilidades de ganar más.

El error o la creencia que nos han vendido toda nuestra vida, es que no hay dinero y que la situación está muy difícil para conseguirlo y por eso andamos todos estresados con el tema del dinero.

Y no queremos perder nuestro trabajo, porque no queremos perder esa seguridad que nos da. Normalmente tenemos la creencia de que cuando conseguimos un trabajo, es mejor quedarnos ahí "por si las dudas".

Recuerda que tus pensamientos crean la realidad. Si tú crees que no hay dinero, vas a ver dinero pasando y pasando sin que nada llegue a ti, porque no estás preparado para ver el dinero. Y con ese pensamiento, nunca te va a llegar dinero.

Todo tiene que ver con los pensamientos que tú tienes.

Por otra parte, lo que das es lo que recibes. Nosotros lo que buscamos es que seas capaz de dar. Pongamos por ejemplo un obrero con 15 hijos, que decide donar el 10% de su sueldo. Quizás no sea mucho, pero tiene el espíritu caritativo de compartir parte de lo que tiene. Y la verdad es que mientras más tengamos, más podemos hacer por los demás.

Por eso es clave el dar para poder recibir. En la medida que tú compartas tu abundancia con quienes lo necesitan, en esa medida verás cómo la vida te lo devuelve.

Otro de los pasos importantes para eliminar la pobreza es: aprende cómo crecer y desarrollarte.

Tu jefe o el dueño de la empresa donde trabajas, no es responsable por tu éxito. ¿Quién es responsable? ¡Pues tú mismo! Nadie más.

Si no sabes cómo ser exitoso, lo importante es que aprendas cómo hacerlo. Reflexiona y analiza la situación, para que identifiques qué es lo que te falta aprender y entonces puedas buscar alguien que te enseñe.

También es importante que le liberes de las PATRAÑAS.

Con patrañas nos referimos a todas esas creencias falsas que te has vendido a ti mismo y que te alejan de ser la mejor versión de ti, de ser la persona que realmente quieres ser. Ponte en la realidad.

Si llevas 30 años diciendo: "Es que soy bien mal administrado", deja de tragarte esa mentira que te estás vendiendo. Si ya te diste cuenta que eso te está alejando de la abundancia y te está atrayendo la pobreza, recuerda que tienes que tomar una acción al respecto para cambiarlo.

Libérate de todas esas patrañas y mentiras que tú mismo te estás inventado. Nuestra mejor intención con esto es que todos tengamos muchísimo dinero y eso es bueno para todos.

Si tenemos mucho dinero, todos somos más prósperos, la pobreza disminuye. Tenemos que quitarnos todo lo que hemos aprendido mal.

Además de las patrañas, libérate de un entorno de pobreza. Recuerda que eres el promedio de las cinco personas con las que más convives.

Si te juntas con pura gente con una actitud negativa hacia el dinero, ¿crees que puedas adquirir una buena perspectiva al respecto? ¡Pues no! ¿Y si te reúnes con pura gente a la que le ha ido mal económicamente? ¿Crees que te digan cómo salir adelante? ¡Tampoco!

Lo que tienes que hacer es liberarte de un entorno de pobreza e integrarte en un entorno de riqueza. Con esto no hablamos nada más de reunirte con personas ricas, sino de rodearte de un ambiente positivo. No nada más por ser rico o tener mucho dinero, sino por todas las cosas buenas que eso necesariamente conlleva.

Por ejemplo, detrás de cualquier fundación benéfica, siempre hay dinero. Pero ese dinero lo han usado para ayudar a las demás personas, porque tienen una actitud positiva hacia la abundancia. Siempre tienes que estar en un entorno positivo hacia el dinero para que sepas cómo las personas que ya tienen esa abundancia le hicieron para poder llegar a ella.

El Número Mágico.

El número mágico, es aquella cantidad en pesos y centavos (dinero) que te permita vivir tranquilamente. Y para poder empezar con esta parte, te pedimos que respondas lo siguiente:

¿Cuánto dinero necesitas para tener una Independencia Financiera Absoluta? Es decir, que tengas el dinero suficiente para mantener tu estilo de vida sin que tengas que trabajar.

_____

_____

_____

_____

_____

La gran mayoría de las veces no tenemos en claro estas cantidades en nuestra vida. Lo que vamos a hacer aquí es ayudarte a clarificar este número para que puedas irlo trabajando.

Para que tengas la perspectiva de cuál es la diferencia entre un millón y un billón, reflexiona: ¿hace cuánto tiempo fue UN MILLÓN DE SEGUNDOS? La respuesta es que aproximadamente hace 12 días.

Ahora piensa, ¿hace cuánto tiempo fue UN BILLÓN DE SEGUNDOS? La respuesta es: 32 años.

Esto es para que tengas la perspectiva de cuánto es la diferencia entre un millón de pesos y un billón de pesos.

Para que puedas ser económicamente independiente y que no tengas que volver a trabajar, la palabra mágica es… CERTIDUMBRE.

Tienes que SABER cuánto es el dinero que necesitas para poder alcanzar esa libertad financiera. Estamos acostumbrados en México y en otros países a no saber, a seguir trabajando toda la vida sin saber cuánto dinero realmente necesitamos para dejar de hacerlo y seguimos trabajando durante toda nuestra vida, hasta el último día. ¿Hay otra opción? ¡Claro que la hay! Tener una vida donde realmente podamos retirarnos y vivir mi estilo de vida sin tener que trabajar.

Para poder alcanzar ese nivel, vamos a compartirte aquí 5 Sueños Financieros, que son como una escalera. La idea es poder conseguir esos niveles o sueños sin tener que trabajar por ellos el resto de tu vida, por lo que será necesario que vayas calculando cada uno de los datos que vamos a mencionarte a continuación, para que te hagas consciente de ellos y puedas calcular la cantidad que necesitas para obtener cada uno:

1. SEGURIDAD FINANCIERA.

En este primer nivel hablamos de que tienes tus Necesidades Básicas pagadas sin tener que trabajar.

Para calcular tu cifra de Seguridad Financiera, realiza el siguiente ejercicio:

Imagínate en un Estilo de Vida Actual Cuánto pagas al mes por:

- Renta o hipoteca (en un lugar deseado, se realista y no pongas que deseas vivir en un castillo francés, piensa vivir en algo como lo que hoy tienes o un brinco al algo mejor, pero no 300 brinco, ¿me explico?)

  _____

  _____

- Comida y súper (en casa, cloro, fabuloso, shampoo, etc. sin incluir cigarros, alcohol ni ningún tipo de drogas)

  _____

  _____

- Servicios (gas, electricidad, agua, teléfono, Internet)

  _____

  _____

- Transporte (gasolina, mensualidad de auto utilitario)

_____

_____

- Seguros (auto, casa, gastos médicos, etc.)

_____

_____

Esa cantidad que sumaste con lo que pagas por todos esos gastos, multiplícala por 12 (meses)

_____

_____

El resultado de eso, multiplícalo por 20. Esto es porque si esa cantidad la pones en un fondo de inversión normal, te dará más o menos un 5 por ciento anual. Es decir, si esta cantidad la metes en cualquier banco en un fondo de inversión cualquiera, podrás tener ese dinero sin haber trabajado por él.

_____

_____

2. VITALIDAD FINANCIERA.

En este segundo nivel hablamos de que tienes tu Estilo de Vida pagado sin tener que trabajar por él.

Para calcular tu cifra de Vitalidad Financiera, realiza el siguiente ejercicio:

Imagínate en un Estilo de Vida Deseado REAL Cuánto pagas al mes por la mitad de:

- Tu ropa y accesorios (ropa, cintos, bolsas, accesorios, pinturas, maquillaje, zapatos, etc.)

  _____

  _____

- Comida y Entretenimiento (fuera de casa, televisión por cable, cine, conciertos, ir a un café, etc.)

  _____

  _____

- Pequeños Lujos (gimnasio, manicura, pedicura, masajes, escapadas de fin de semana, vacaciones, etc.)

  _____

  _____

Esa cantidad que sumaste con lo que pagas por todos esos gastos, multiplícala por 12 (meses) para saber cuánto necesitas al año.

_____

_____

El resultado de eso, multiplícalo por 20.

_____

_____

Se multiplica por la mitad porque a medida que pasa la vida normalmente no tienes el mismo nivel de consumo o de gasto, si lo tuvieras entonces las personas tendrían que tener 4 o 5 closets de ropa para poder meter todo lo que han comprado, es por esto que solamente se multiplica por la mitad.

3. INDEPENDENCIA FINANCIERA.

En este tercer nivel hablamos de que el dinero es tu esclavo y no al revés.

Para calcular tu cifra de independencia financiera primero necesitas anotar el total de tus ingresos al año.

¿Cuánto dinero ganas AL AÑO?

_____

_____

Ahora, realiza el siguiente ejercicio:

Imagínate en un Estilo de Vida Deseado REAL Cuánto gastas al año en:

- Mantener tu Estilo de Vida Deseado-Real (El total Anual de todo lo que ganas vs. lo que gastas incluyendo vacaciones). Aquí es muy importante que consideres que si gastas menos de lo que ganas, debes anotar lo que ganas, porque es el número más alto. En cambio, si gastas más de lo que ganas, anota el número que gastas.

_____

_____

4. LIBERTAD FINANCIERA.

En este cuarto nivel hablamos de que tienes todo lo de hoy <u>MÁS 2 ó 3 Lujos </u>sin tener que trabajar por ellos. Aquí es importante que no tomes en cuenta lujos que involucren a tus hijos (como inscribirlos en una determinada escuela o mandarlos a estudiar al extranjero), porque son gastos que no realizarás el resto de tu vida, sino solo durante un determinado período de tiempo.

Para calcular tu cifra de libertad financiera, realiza el siguiente ejercicio:

<u>Imagínate en un Estilo de Vida Deseado LUX (lujoso)</u> <u>Cuánto pagas al mes por:</u>

- Ítem de Lujo #1

_____
_____

- Ítem de Lujo #2

_____
_____

- Ítem de Lujo #3

_____
_____

- Paquete de Comida Elegante, Membresía de Club, Mensualidad de Auto Deportivo, lancha, Donaciones a Iglesia, fundaciones, causas, Vacaciones de Lujo, etc.

_____
_____

Esa cantidad que sumaste, multiplícala por 12 (meses).

_____
_____

El resultado de eso, multiplícalo por 20.

_____
_____

5. LIBERTAD FINANCIERA ABSOLUTA.

En este último nivel hablamos de que vives <u>tus lujos y excentricidades</u> sin tener que trabajar por ellos.

Para calcular tu cifra de vitalidad financiera, realiza el siguiente ejercicio:

<u>Imagínate en un Estilo de Vida Deseado de SÚPER LUJO. Cuánto pagas al mes por:</u>

• Ítem de Súper Lujo #1

  _____

  _____

• Ítem de Súper Lujo #2

  _____

  _____

• Ítem de Súper Lujo #3

  _____

  _____

• Mensualidad de Auto Súper-Deportivo, lancha, avión; Donaciones a Iglesia, fundaciones, causas; Vacaciones Exóticas; Accesorios exóticos; Mandar hacer una Iglesia; Comprarle una casa a tus papás; etc.

_____

_____

Esa cantidad que sumaste, multiplícala por 12 (meses)

_____

_____

El resultado de eso, multiplícalo por 20.

_____

_____

Semilla para Vivir en Abundancia

10 Consejos de Warren Buffet para crear Riqueza

Con una fortuna estimada de US$62.000 millones de dólares, Warren Buffett es uno de los hombres más ricos del planeta. En 1962 empezó a comprar acciones de Berkshire Hathaway, a un precio de US$7.50. Hoy en día, Warren Buffett, de 78 años, es presidente y CEO de Berkshire, y una acción de la compañía tiene un valor cercano a los US$119.00. Él atribuye su éxito asombroso a varias estrategias clave, que ha compartido con la escritora Alice Schroeder. Se pasan cientos de horas de entrevistas a Warren Buffett, también conocido como el Sabio de Omaha, en la nueva biografía autorizada "La bola de Nieve". Éstos son algunos de los secretos de Warren Buffett para **ganar dinero** y la forma en que podrían funcionar *para ti.*

1. Reinvierte tus ganancias: Cuando ganes dinero por primera vez en el mercado de valores, o en cualquier otro sitio, puedes tener la tentación de gastarlo. No lo hagas. En vez de eso, reinvierte tus ganancias. Warren Buffett aprendió esto desde el principio. En la escuela secundaria, él y un amigo compraron una máquina de pinball que pusieron en una barbería. Con el dinero que ganaban, compraron más máquinas hasta que tuvieron ocho en diferentes tiendas. Cuando los amigos vendieron su pequeña empresa, Warren Buffett utilizó los fondos para comprar acciones y empezar otra pequeña empresa. A la edad de 26 años, había acumulado US$174,000 o el equivalente a US$1,4 millones en dinero de hoy. Incluso una pequeña cantidad puede convertirse en una gran riqueza.

2. Sé diferente: no bases tus decisiones en lo que todo el mundo está diciendo o haciendo. Cuando Warren Buffett comenzó a administrar capitales en el año 1956 con US$100.000 aportados por un puñado de inversionistas, fue tachado de bicho raro. Trabajó en Omaha, no en Wall Street, y se negó a contarle a sus padres donde invertía su dinero. La gente predijo que fracasaría, pero cuando él vendió su participación en el fondo de inversión 14 años más tarde, lo hizo por más de US$100 millones. En lugar de seguir a la multitud, optó por buscar opciones de inversión menospreciadas y terminó superando ampliamente la media del mercado cada año. Para Warren Buffett, el promedio es sólo eso: lo que hacen los demás. Para ser superior a la media, debes medirte con lo que él llama el Cuadro de Puntuación Interior: júzgate siguiendo tus propios estándares, no los del resto del mundo.

3. Nunca te chupes el dedo: Reúne de antemano cualquier información que necesites para tomar una decisión, y pídele a un amigo o a un familiar que se asegure de que tomas tu decisión en un plazo establecido. Warren Buffett se enorgullece de ser alguien que toma decisiones con rapidez y que actúa en consecuencia. Para él, cualquier análisis de más o innecesario es: "chuparse el dedo." Cuando le plantean un negocio o una inversión, dice, "No voy a decir nada, hasta que me digan un precio." Él no pierde su tiempo y les da una respuesta inmediata.

4. Explicar el acuerdo antes de empezar: Tu poder de negociación siempre es mayor antes de comenzar un trabajo – es ahí cuando ofreces algo que la otra parte quiere–. Warren Buffett aprendió esta lección a las malas cuando era niño, cuando su abuelo Ernest lo contrató a él y a un amigo para desenterrar la tienda de comestibles de la familia después de una tormenta de nieve. Los chicos pasaron cinco horas paleando hasta que apenas podía enderezar sus manos congeladas. Después, su abuelo les dio menos de 90 centavos de dólar para dividir. Warren Buffett estaba horrorizado por haber realizado un trabajo agotador, sólo para ganar unos pocos centavos por hora. Siempre concreta los detalles de un acuerdo de antemano, incluso con tus amigos y familiares.

5. Cuida los pequeños gastos: Warren Buffett invierte en empresas dirigidas por gerentes que cuidan hasta los más pequeños gastos. Él adquirió una compañía cuyo dueño contó las hojas en rollos de papel higiénico de 500 hojas para ver si estaba siendo engañado (lo estaba). También admiraba a un amigo que pintaba sólo el lado de su edificio de oficinas que daba a la calle. Ejercer la vigilancia sobre todos los gastos puede hacer que tus rendimientos, e incluso tu salario, excedan tus expectativas.

6. Limitar lo que Pides Prestado: Vivir endeudado con tarjetas de crédito y préstamos bancarios no te hará rico. Warren Buffett nunca ha pedido prestada una cantidad significativa, ni para una hipoteca. Ha recibido muchas cartas testimonio de personas que pensaban que su nivel de endeudamiento era manejable, pero que se sintió abrumada por la deuda. Su consejo: Negocia con tus acreedores para pagar lo que puedas. Entonces, cuando estés libre de deudas, dedícate a ahorrar algo de dinero que puedas invertir más adelante.

7. Sé persistente: Con tenacidad e ingenio, puedes ganarle a un competidor más establecido. Warren Buffett adquirió la Nebraska Furniture Mart en 1983 porque le gustaba la forma en que su fundadora, Rose Blumkin, hizo negocios. Una inmigrante rusa, ella creó el almacén de muebles más grande de Estados Unidos, partiendo de una pequeña casa de empeño. Su estrategia consistía en vender más barato que los peces gordos, y ella era una negociadora implacable. Para Warren Buffett, Rose encarna el coraje inquebrantable que tienen los ganadores.

8. Aprende cuándo renunciar: Una vez, cuando Warren Buffett era un adolescente, fue a la pista de carreras. Apostó por un caballo en una carrera y perdió. Para recuperar sus fondos, le apostó a otro caballo. Perdió de nuevo, quedándose con casi nada. Se sintió enfermo, había derrochado las ganancias de una semana. Desde entonces, Warren Buffett nunca repite el mismo error. Aprendió cuándo salir de una pérdida, y no deja que la ansiedad le engañe para que vuelva a intentarlo.

9. Evalúa el riesgo: En 1995, el empleador del hijo de Warren Buffett, Howie, fue acusado por el FBI de práctica de fijación de precios. Warren Buffett aconsejó a Howie imaginar los escenarios del peor y del mejor de los casos si se quedaba en la empresa. Su hijo se dio cuenta rápidamente de que los riesgos de permanecer superaban con creces los beneficios potenciales, y renunció al día siguiente. Preguntarte "¿y entonces qué?" puede ayudar a ver todas las consecuencias posibles cuando estás en dificultades para tomar una decisión y te puede guiar a la opción más inteligente.

10. Reconoce lo que el éxito realmente significa: A pesar de su riqueza, Warren Buffett no mide el éxito por los dólares. En 2006, se comprometió a ceder casi toda su fortuna a obras de caridad, como por ejemplo la fundación de Bill y Melinda Gates. Es inflexible en no financiar monumentos a sí mismo – no hay edificios o salas Warren Buffett-. Sé de personas que tienen un montón de dinero", dice, "que se deleitan poniéndoles sus nombres a banquetes benéficos y a alas de hospitales. Pero la verdad es que nadie en el mundo los ama. Cuando llegas a mi edad, mides el éxito que hayas tenido en la vida por cuántas de las personas que quieres que te amen, te aman en realidad. Esa es la prueba definitiva de qué tan exitoso has sido en tu vida."

CAPÍTULO VI
DINERO EN ABUNDANCIA

"Tú eres el CREADOR de tu Vida, no sólo el administrador"

Ahora vamos a compartir unos "Lingotes de Oro" o consejos para atraer el dinero en abundancia. Si tú aplicas estos consejos en tu vida, te aseguramos que vas a ir acercándote cada vez más a las cifras que ya anotaste anteriormente.

Si no lo haces, podemos asegurarte que serás del tipo de personas que dentro de 40 años siguen trabajando hasta el último día de sus vidas.

El primer lingote de oro es: CREA UN FONDO DE EMERGENCIAS.

¿Cuánto dinero es necesario para crear un fondo de emergencia? Al menos 3 meses de tu gasto habitual.

Este dinero es IN-TO-CA-BLE. No puedes utilizarlo para irte de vacaciones, para pagar la colegiatura de los niños, para remodelar tu casa. No puedes usarlo para nada. ¡Es un fondo de EMERGENCIAS!

¿Por qué es esto importante? Para responder eso, primero queremos preguntarte, si el día de hoy perdieras tu trabajo, ¿podrías estar tranquilo? Me imagino que lo primero que pensarías es: "¿Y ahora cómo voy a pagar la casa, la colegiatura, el coche?" Y todas las cosas que tienes que pagar.

¿Y si pierdes tu empleo, pero tienes un fondo de emergencia? Mínimo 3 meses podrías solventar todos tus gastos.

Cuando haces tu fondo de emergencias es muy importante que no consideres esos 3 meses en base a tu sueldo, sino 3 meses de tu gasto.

Muchas veces tomamos muy malas decisiones movidos por el dinero. Por eso lo mejor es que te sientas tranquilo en relación con éste, para que puedas decidir mejor.

El segundo lingote de oro es: AUTOMATIZA TU AHORRO.

Puedes ir directamente con tu banco y pedir que te descuenten un cierto porcentaje de tu ingreso en automático que se destinará a tu ahorro (10% es un buen inicio).

Es importante que al hacer esto tú "no veas el dinero". Es decir, aún antes de que consultes tu saldo o revises cuánto te pagaron, el banco ya retuvo esa cantidad que destinaste a tu ahorro. Automatízalo para que no lo toques.

Algunas personas piensan que están haciendo esto, pero la realidad es que lo que hacen es depender de la caja de ahorro que les da su trabajo. Lo importante es que no dejes esta responsabilidad en manos de tu empresa: hazlo por ti mismo.

Esta es una de las claves más importantes para tener tranquilidad financiera.

Abre un fondo REVOLVENTE. Solicita a tu banco que ese dinero o ese porcentaje que te van a retener, se deposite en otra cuenta.

El tercer lingote de oro es: SÉ POSITIVO.

Piensa cada vez más grande. Traza metas que te lleven cada vez un paso más adelante, no te quedes siempre en el mismo nivel.

Usa todos tus recursos. Tienes muchísima gente a tu alrededor que te puede ayudar a lograr tus sueños y tu número mágico. Apóyate de todos los que te rodean.

Fortalece tus logros. Una vez que lograste eso, es importante que te recompenses a ti mismo por ese logro. No digas: "Pues lo logré, pero no tengo nada a cambio". Siempre busca recompensarte, porque eso te da estimulación y te ayuda a continuar consiguiendo más logros.

Si otros han podido, tú puedes. Establece tu "Plan para los Años Dorados". Es diferente establecer un plan de aquí a 20 ó 30 años para una persona que tiene más de 40 años que para una joven o jovencita de 20 años. Sí cuenta la edad, pero no es lo más importante.

El cuarto lingote de oro es: LIBÉRATE DE TUS DEUDAS.

¿Cómo puedes lograr esto? Sabiendo que no debes gastar más allá de lo que tienes. A muchas personas les cuesta trabajo vivir así. En la sociedad, el tema de la competencia mental es la perdición de muchas personas. Haz un presupuesto Anual.

La clave es gastar por debajo de tus medios.

Recuerda: No porque tienes dinero, significa que debas gastarlo. Siempre tienes que vivir por debajo de tus medios. Si lo que quieres es una vida plena en el futuro, tienes que vivir por debajo de tus medios.

Si lo que quieres es tener una vida plena en el presente, pero tener incertidumbre en el futuro, ya sabes cómo tienes que hacerle: gástatelo todo.

Corta a la mitad tus "recompensas". Aunque ganes cierta cantidad, recuerda gastar menos de lo que ganas cuando compres tus "premios".

Prioriza tus inversiones antes de tener el dinero. Asegura tus "Años Dorados". De otra manera, sin un plan, terminarás como muchas personas que vemos que ya en sus años dorados dependen de la ayuda de su hijos o no tienen realmente un plan preparado.

Genera un Ingreso Pasivo. Por ejemplo, si ya tienes un trabajo, puedes tener otro complementario. Piensa en alguna otra actividad que te dé ingresos, pero que no te quite tanto tiempo. El Ingreso Pasivo es la clave para poder tener más dinero.

El quinto lingote de oro que te vamos a compartir para atraer dinero en abundancia es: **SÉ PRODUCTIVO.**

Aprende de los Escenarios Ideales. De ahí puedes sacar aprendizajes acerca de cómo generar más dinero. Si conoces a una persona que ya le esté yendo bien económicamente, acércate a ella o él y pregúntale cómo le hizo.

El último lingote de oro es: CRECE SOSTENIDAMENTE.

Piensa en esto: hace 50 años, en los matrimonios, ¿ambos trabajaban como lo hacen ahora? La mayoría de las veces no. Y aún así alcanzaba el gasto. En cambio hoy, los dos trabajan y de todos modos no alcanza el gasto. Eso quiere decir que estamos gastando muchísimo más de lo que ganamos.

Ahorra con Interés Compuesto en un "Fondo de Libertad Financiera". Desde nuestro punto de vista, tu ahorro no es para que en una sola fecha (por ejemplo, en diciembre) te lo acabes. Métulo a un fondo donde genere intereses para que siga convirtiéndose en más dinero. El fondo más malo, es bueno, porque es mejor que no tener nada.

Si tú haces estas dos cosas: gastar por debajo de tus medios y ahorrar en un fondo, te podemos garantizar que dentro de 10 años tendrás bastante dinero.

No olvides que el dinero es muy importante. Tú puedes tener un bien inmueble, pero si aún continúas pagándolo, ese bien no es tuyo, es una deuda. Puedes pensar sólo en el amor, pero no puedes, por ejemplo, comer una torta de amor.

Botón para Vivir en Abundancia

"Ten cuidado con las pequeñas extravagancias. Una pequeña fuga hunde hasta un gran barco". Benjamin Franklin

Normalmente, vivir en una sociedad consumista donde unos y otros están compitiendo por demostrar que tienen dinero, hace que las personas obtengan compromisos que no pueden pagar y esto al final lleva a una ruina financiera, que Robert Kiyosaki (autor de "Padre Rico Padre Pobre") llama la carrera de ratas.

La carrera de ratas no es otra cosa que vivir endeudado y con compromisos que te generan estrés y te alejan de una felicidad plena, ya que, aunque tengas las cosas que aparentemente quisieras, no las disfrutas por la culpa de haberlo gastado, porque te priva de otras cosas o simplemente quieres no sentirte de esa manera. Asegúrate de tener un plan para salir de todos los compromisos que tengas, ya que un poco de dinero en el banco es un gran amigo, tanto en tiempos de necesidad como en tiempos de oportunidad.

Si es tu caso y tienes niños pequeños es muy importante que desde temprana edad los enseñes a financiarse a sí mismos; cómo manejar el dinero, cómo ahorrar, cómo gastar sabiamente para su mejoramiento personal y para el enriquecimiento general de su vida. Cada niño debe ser entrenado en los hábitos del ahorro, deben aprender el verdadero valor del dinero y deben ser capaces de sentir el costo de cada peso.

¿Yo Soy..?

Soy tu mejor amigo en momentos de necesidad.

Puedo hacer por ti lo que, aún quienes más te aman, son incapaces de hacer sin mi ayuda.

Yo soy el aceite que suaviza las aguas turbulentas de la vida.

Yo arreglo dificultades y elimino los obstáculos que nadie más podría vencer.

Soy defensor de la fe, un estímulo a la ambición, un tónico para la aspiración, una valiosa ayuda para las personas que están luchando por hacer sus sueños realidad.

Doy al hombre un fino sentido de independencia, un sentido de seguridad en relación con el futuro, lo que aumenta su fuerza y habilidad y le permite trabajar con más vigor y espontaneidad.

Soy la base para cosas mejores, constructor de esperanza, enemigo del desaliento, porque me llevo conmigo una de las mayores causas de preocupación: la ansiedad y el miedo.

Puedo aumentar la autoestima y la autoconfianza, y dar una sensación de confort y seguridad que nadie más puede dar.

Imparto una conciencia de poder que hace a multitudes levantar la cabeza con dignidad, multitudes que de otra manera se arrastrarían.

Abro la puerta a muchas oportunidades para auto-cultivarse y para promoverse socialmente y en los negocios. He permitido que decenas de miles de jóvenes, que hicieron sacrificios para tenerme, pudieran aprovechar las magníficas oportunidades que los que no me tienen tuvieron que dejar pasar.

Puedo aumentar tu importancia en el mundo y tu poder para hacer el bien. Yo hago que la gente piense bien de tu capacidad, aumenten su confianza en ti, y te den capital, una posición segura, influencia, crédito y muchas de las cosas buenas de la vida, que sin mí serían inalcanzables.

Soy un amortiguador para la sacudidas de la vida, una barrera entre ti y los duros golpes del mundo. El hombre o la mujer que no haga un esfuerzo decidido y honesto para obtenerme, carecen de una de las cualidades fundamentales que contribuyen a la felicidad, la prosperidad y el bienestar de toda la humanidad.

Millones de madres y niños han sufrido todo tipo de penurias y humillaciones porque sus esposos y padres carecían de esta cualidad práctica, lo que les habría evitado a ellos y a sus dependientes tanto sufrimiento y miseria.

Multitudes han pasado sus sueños de declive en la miseria y sin hogar, o con una existencia miserable en dependencia humillante de la caridad a regañadientes de sus familiares, mientras que otras multitudes han muerto en un asilo de pobres, porque no pudieron hacerse mis amigos en su juventud.

Yo soy una de las ayudas más confiables en la batalla de la vida, la lucha por la independencia, siempre dispuesto a ayudarte en una emergencia, una enfermedad en tu familia, un accidente o una muerte, una crisis en tu negocio, etc. Siempre se puede confiar en mí para llenar el vacío y hacer mi trabajo en silencio, con eficacia, sin bravatas.

YO SOY... Un poco de ahorros en dinero en efectivo...

Texto de Orison Swett Marden

SECCIÓN TRES
TU RELACIÓN CON LA SALUD

CAPÍTULO VII
TU RELACIÓN CON LA SALUD

"Mantener el cuerpo con buena salud es un deber, de lo contrario no seremos capaces de mantener nuestro cuerpo y mente fuertes."

-Buddha-

Tu cuerpo es el vehículo para conseguir todas las metas que te propongas y alcanzar todos los sueños que puedas imaginar.

Puedes tener buenas relaciones con las personas que te rodean y tener dinero, pero si no tienes salud, quedas incompleto. Eso pude provocar que tus años maravillosos los vivas entre agujas, gastos médicos y doctores, sin poder vivir tus planes.

Tienes que sentirte bien para poder disfrutar de este Universo.

Recuerda que los tres pilares para lograr vivir en abundancia son las relaciones, el dinero y tu salud.

Todos sabemos que la salud es importante. Pero no lo ponemos en práctica y día a día no hacemos lo necesario para poder estar bien de salud.

En esta parte te vamos a compartir algunas claves muy importantes para que las pongas en acción con la mejor intención de que tengas una vida plena.

Muchas veces sacrificamos el presente por el futuro. Gastamos de más, no nos cuidamos y es en el futuro cuando vienen los problemas.

Tienes que empezar a pensar diferente. ¿Cómo es que en este presente vas a cuidarte más para poder garantizar un mejor futuro?

Esto es cambiar el esquema de lo que normalmente hemos visto y hemos aprendido en nuestra familia, con nuestros papás.

Esta parte de la salud nos apasiona mucho, porque un valor muy importante para nosotros es la salud. De seis años a la fecha lo hemos implementado y podemos decirte que es un valor fundamental que nos mantiene con vida.

Si no estás bien, no puedes estar despierto, vivir, atento, disfrutando todo lo que tienes.

Nuestra labor en esta parte es sembrar muchas inquietudes en tu mente respecto al plano de la salud. Si hoy estás pleno y feliz, nos alegramos mucho por ti.

Si no lo estás, aquí encontrarás muchas acciones que podrás implementar para estarlo.

Ahora imagínate que ya estás en tus años maravillosos, ya tienes 60 años. ¿Qué escenario quieres para tu vida? Porque solamente hay dos escenarios: el positivo y el negativo.

El escenario positivo es: Morir feliz sin dolor rodeado de tus seres queridos.

Siendo sinceros, para la mayoría de las generaciones actuales, ¿esto es algo real? ¿Morir sin dolor, como decían antes los abuelitos, de "muerte natural"? Desafortunadamente, no es así.

Comprométete contigo mismo y observa con mucha atención también lo que les estás heredando a tus hijos, porque todo esto tiene que ver con hábitos.

En una familia donde se acostumbra tener hábitos saludables, es más fácil que todos estén bien conforme vamos creciendo.

Imagina un escenario donde una persona se encuentra ya en sus últimos días. Pero como siempre fue positiva, siempre fue entusiasta y cuidó de su salud, en sus últimos años aunque ya no podía hacer muchas cosas seguía caminando, aunque fueran 20 minutos diarios. A su alrededor están sus hijos a la expectativa, porque ya saben que se va a ir (no somos eternos, después de todo). Pero su compañera o compañero también se tranquiliza, porque no hay remordimiento, todo es parte de un proceso. Sabía que no iba a estar toda la vida. Está triste, pero a la vez está agradecida de todo lo que vivieron juntos.

¿No quisieras eso para cuando te vayas? Estar en tu cama, tranquilo y que simplemente digas: "Ya me voy". Que tengas la oportunidad de despedirte de tus seres queridos y no tengas miedo de lo que vas a encontrar después.

Este es el escenario positivo del que te hablábamos.

Pero la mayoría de las veces no llegamos a este escenario positivo porque estamos en la realidad del 97% de los seres humanos.

Si no haces algo contrastado en tu estilo de vida, en tus hábitos, en lo que haces día a día, vas a ser parte de esa estadística del 97%.

¿Qué dice esa estadística? El 97% de las personas tienen una muerte lenta y dolorosa, llena de gastos, dependiendo de medicamentos, de estudios y de agujas.

Sólo piensa en tus familiares. Probablemente a tu pareja, mamá, tu papá, hijos, tus abuelos, te ha tocado verlos enfrentando alguna enfermedad en lo que deberían ser sus años maravillosos.

Lo peor es que no es sólo el enfermo quien se ve afectado por esta situación, sino que todo su entorno sufre las consecuencias.

No sólo eres tú quien está sufriendo por no haberte cuidado antes de llegar a esa edad, sino que tu estado está haciendo sufrir a los demás.

Realmente esta estadística tan fría y tan cruda, que es la situación del 97% de las personas, no se la deseamos a nadie.

Dicen los naturistas que nosotros como seres humanos deberíamos morir como lo hacen los demás animales: normalmente ellos no viven dependiendo de medicamentos ni nada parecido. Se van a un lugar apartado y ahí mueren, tranquilamente. Eso es lo que llamamos una muerte natural.

Si quieres vivir este escenario y partir con una muerte natural y tranquila, tienes que hacer cosas hoy en este presente. Eso es algo en lo que muchas veces tenemos que enfocarnos y sacrificar muchas cosas en el presente para que el futuro, en cuestión de salud, sea magnífico y que realmente puedas disfrutar de todo lo que hiciste.

La "Edad de Oro" de la mayoría de la gente es con poco dinero o dependiendo del dinero de otros. En México la gente está muy acostumbrada a darle todo a sus hijos con la esperanza de que cuando envejezcan, serán esos hijos quiénes se encarguen de ver por ellos.

Pero esos hijos ya crecieron, ya tienen sus propias familias. Y por humanidad apoyan, pero es importante que nos hagamos responsables desde ahora para en el futuro no les dejemos esa carga a los hijos y a los nietos.

Otra situación que vive y sufre el 97% de las personas durante sus años maravillosos es que viven dependiendo de medicamentos. Y si no tienes seguro social, son carísimos los sanatorios, se te va todo el dinero en eso y tienes que sobrevivir usando tu poco dinero para el mantenimiento de tu salud.

El Secreto de Oro para poder vivir estos años maravillosos es que una sola cosa en común provoca muchísimas más. Sólo una cosa debes controlar para estar sano y saludable todos los días de tu vida. Esa cosa es: nutrirnos con los alimentos adecuados que sabemos que son lo que necesita nuestro cuerpo.

Muchas veces no nos nutrimos adecuadamente y al no hacerlo, empieza a haber contaminación en nuestro cuerpo, empiezan a haber enfermedades, una cosa te desencadena la otra y se empieza a descomponer todo.

Muchas personas le tienen miedo al doctor, pero es porque no se han cuidado, y al querer checarse una cosa pequeña, terminan encontrándoles problemas más graves.

Esto de la nutrición es como un carro que necesita de cierta gasolina y tú le pones de otra. Va a llegar un momento en que el carro va a empezar a fallar. Porque no está teniendo lo que necesita. Lo mismo ocurre en el organismo.

La mayoría de las enfermedades, descartando lo genético, vienen por los malos hábitos, por el sedentarismo y por no nutrirnos adecuadamente.

Puede que no seamos nutriólogos, pero hemos platicado con doctores y expertos en nutrición, además de que hemos investigado muchísimo en el tema de la salud. Por eso podemos afirmar que realmente la clave está en cada uno de nosotros: en nuestra nutrición y en los hábitos.

Te vamos a compartir aquí los pretextos típicos que uno puede tener para no cuidar estos aspectos en su vida y su salud:

- "No tengo tiempo..."
- "No tengo dinero..."
- "No puedo..."
- "No me entiendes... no puedo..."
- "Lo he probado pero no es tan fácil..."
- "Soy alérgica a las frutas y verduras..."
- "Eso no es cierto..."
- "Mejor disfruto; de algo me he de morir..."

CAPÍTULO VIII
HÁBITOS SALUDABLES PARA VIVIR EN ABUNDANCIA

"Una buena salud es un deber para ti mismo, para tus contemporáneos, para tus herederos y para el progreso del mundo."

-Gwendolyn Brooks-

Vamos ahora mostrarte algunos hábitos saludables que puedes aplicar en tu día a día, justamente para poder mejorar tu relación con tu salud.

La clave de la que parten todos estos hábitos, es sugerirte que puedes invertir tu dinero en hacerte el examen de sangre más completo que puedas, de manera anual. Cada año regálate vida. Un error que se comete mucho en México cuando vamos al doctor es que cada médico nos va a revisar según su especialidad, así que es probable que te den diferentes diagnósticos según su especialidad. El análisis de sangre completo te ayudará a conocer la situación general de tu salud, de cómo estás por dentro, sin necesidad de que cada doctor que te trate esté "adivinando" qué tienes.

Toma en cuenta que hay muchas enfermedades que no se pueden revertir si no se detectan a tiempo, por eso es importante partir de este examen de sangre anual completo.

Ahora te presentaremos estos tips, agrupados según su importancia:

1.- Hábitos para Vivir saludable de por vida y disfrutar la Abundancia Ilimitada.

Toma 2 litros de Agua.

El agua sirve para desintoxicarnos. Vivimos en un ambiente tóxico. Todos los alimentos procesados que comemos, con conservadores, todo lo que se guarda en cajas o en latas, contamina nuestro cuerpo. El maquillaje que usamos a diario, contamina el cuerpo. Si no metes agua a tu cuerpo, que después vas a expulsar, estás todo intoxicado.

Al mantenernos desintoxicados ayudamos también a evitar infecciones de las vías urinarias al mantenerlas limpias. Ayuda a transportar el oxígeno a todo el cuerpo y al favorecer el proceso de oxidación, también ayudamos a que nuestro organismo convierta los alimentos en energía. Por eso es importantísimo no solo mantenerte hidratado, sino que debes consumir agua. Solo agua. No refrescos o café o jugos. Simple y pura agua.

Toma Agua Viva.

Según el Instituto de Investigación agua y salud, entre el 20 y el 30% del agua que consumimos viene de nuestros alimentos. El porcentaje restante tenemos que completarlo tomando agua directamente.

Otra manera de calcular el agua que necesitas diariamente para mantenerte sano, es multiplicando tu peso por 0.033. El resultado es la cantidad de agua natural que debes tomar cada día. Recuerda que cada persona y cada cuerpo son diferentes, por eso es importante que sepas y reconozcas tus propias necesidades.

Es increíble los beneficios que nos puede aportar un solo vaso de agua. Por ejemplo: tomar un vaso de agua en las mañanas, justo cuando acabas de despertarte, te ayuda a activar tus órganos internos para poder empezar con la actividad del día. Tomar un vaso de agua 30 minutos antes de cualquier comida, ayuda a realizar la digestión de mejor manera. Y un vaso de agua por la noche, justo antes de irte a dormir, puede salvarte de sufrir un derrame cerebral o un ataque al corazón.

Una taza de Té Verde al día.

El té verde es un antioxidante, ayuda a que tus células se mantengan más saludables y por la cafeína que contiene hace que vayas al baño más rápido y con eso estamos expulsando toxinas de nuestro organismo.

Es muy importante que lo tomes sin azúcar, sólo el puro té solito.

Después de las 6 de la tarde ya no tomes té. Para que funcione mejor, lo más recomendable es que lo consumas por las mañanas, en ayunas o en el transcurso del día.

La Escuela Médica de Atenas, en Grecia, descubrió que 30 minutos después de tomar una taza de té verde, las arterias se dilatan, por lo que la circulación en todo el cuerpo mejora. Además de que fortaleces los huesos y con eso disminuye el riesgo de contraer osteoporosis.

De acuerdo con estudio que fue publicado en la revista Arteriosclerosis, Thrombosis, and Vascular Biology (Journal of the American Heart Association), el consumo de 3 a 6 tazas diarias disminuye el riesgo de morir por algún tipo de enfermedad del corazón.

Un miembro de la Universidad de Hong Kong, Chi Pui Pang, ha demostrado que también beneficia a todo lo que tiene que ver con nuestros ojos. Los antioxidantes que contiene el té verde son absorbidos por esta parte de nuestro cuerpo. Además de beneficiar a la retina, también puede ayudar a evitar el glaucoma y otras enfermedades oculares.

No tomes calorías líquidas.

Con calorías líquidas nos referimos a cualquier bebida procesada, incluso los jugos que podemos encontrar enlatados, porque son pura azúcar.

Una vez que procesamos el azúcar, eso es lo que nos engorda.

Todo tipo de bebidas procesadas que veas son calorías que van a provocar que subas de peso.

Ya habíamos comentado que es muy importante mantenerte hidratado, pero a muchas personas no les gusta tomar agua pura, por lo que piensan que tomando bebidas de sabor de todos modos están cumpliendo con sus necesidades de hidratación y esto es una mentira.

Sólo piensa en esto: Una persona que cambia la mitad de su requerimiento de agua por refrescos, está aumentando hasta 400 calorías diarias a su dieta. Si multiplicamos esto por los 30 días del mes, puedes llegar a subir ¡más de un kilo por mes! ¡Imagínate cuánto habrás subido en un año! Y esas consecuencias tendrás que cargarlas en tus años maravillosos.

Café de grano solo por las Mañanas.

Toma en cuenta que los cafés solubles NO son café. Son granos pintados, tratados con químicos y molidos, que tienen un sabor parecido al café, pero en realidad no lo son.

El café, en nuestro organismo, nos pone alertas. Por eso es bueno tomarlo en las mañanas, para poder empezar con tu día a día. Pero si lo consumes después de las 6 de la tarde, tu organismo va a seguir en alerta, estresado y eso va a traer como consecuencia que no puedas dormir.

Esto no es sólo por el café, es por la cafeína. Nuestro cuerpo tarda 6 horas en poder extraer la cafeína del café. Por eso, si vas a tomar café, es muy importante que lo hagas temprano y tengas mucho cuidado de que de verdad sea de grano.

Hoy en día, si observas lo anaqueles de cualquier supermercado, podrás ver que ya todo son "sustitutos" o "similares". Son puros falsos nutrientes que le estamos metiendo a nuestro cuerpo.

Según el nutricionista Paulo Silva Ocampo, el café puede ayudar a nuestro sistema digestivo, excretor y endocrino, pero mientras más procesado esté, más va perdiendo sus propiedades, por eso es sumamente importante que tomes café lo más puro posible.

El café puede ser beneficioso para personas que sufran diabetes debido a sus antioxidantes y nos ayuda a disminuir la sensibilidad a la insulina.

Otras enfermedades que nos puede ayudar a combatir el consumo de café son el Parkinson y la cirrosis.

2.- Salud en Abundancia

Fuerza 2 a 3 veces por semana.

Haz ejercicios con pesas o ligas. No necesitas grandes equipos o ir a un súper gimnasio. Puedes comprar una liga o pesa pequeña y en youtube encontrar muchísimos ejercicios. ¿Por qué son importantes los ejercicios de fuerza? Tenemos 3 músculos que son los más grandes: las piernas, el pecho y la espalda. Si tú haces ejercicios de fuerza, de 2 a 3 veces por semana, 15 minutos por sesión, eso hace que nuestro cuerpo queme más calorías.

Después de los 35 años disminuye nuestra masa muscular. Si no haces este tipo de ejercicios, cuando comes, tienes menos consumo calórico, porque está disminuyendo tu masa muscular, y esos alimentos que estás consumiendo empiezan a convertirse en grasa almacenada en tu cuerpo.

Además, este tipo de ejercicios nos ayudan a mejorar la postura. Con eso logramos que los órganos internos estén bien acomodados, ahora sí que como se dice, que esté cada cosa en su lugar, y con eso podemos mejorar nuestra digestión y aprovechar mejor los alimentos, optimizar la respiración, la respiración y el flujo sanguíneo.

También nos ayuda a prevenir lesiones, porque los músculos que están ejercitados protegen mejor las articulaciones, están mejor preparados para el trabajo pesado y tienen más resistencia en general.

Aeróbico 40 minutos 3 a 4 días a la semana a 50 a 60% de Frecuencia Cardíaca Máxima.

La frecuencia se refiere, por ejemplo, a cuando caminamos rápido y empezamos a llegar a entre 120 – 130 pulsaciones por minuto.

Esto depende obviamente de la edad. Si eres más joven, la actividad deberá ser más intensa, mientras que una persona mayor podría llegar a hacer una actividad de menos intensidad.

El punto es que caminemos.

¿Por qué es importante activarnos? En primer lugar, porque como llevamos una vida sedentaria, nuestros fluidos no se mueven.

Si no caminamos, eso puede aumentar el stress porque no hay momentos de esparcimiento.

Pero no sólo emocionalmente. Cuando yo no tengo actividad física, mi cuerpo se empieza a estresar. Hay una hormona que se llama el cortisol que se libera cuando estamos estrados y cuando aumenta, es cuando empiezan a salir arrugas y empezamos a envejecer más rápido.

Por eso es muy importante la activación física. Es importante que ya le pongas una fecha de inicio y te comprometas a hacerlo.

Además, ayuda a fortalecer el corazón, pues mantiene la presión arterial baja y al estar acelerando las pulsaciones, es como si estuviéramos ejercitando también nuestro músculo cardíaco.

Acuérdate: no vivas nada más el presente, pensando que así vas a estar toda la vida. Piensa que hay años maravillosos que quieres disfrutar con las personas que te rodean y con tu entorno.

Algunos beneficios que puede aportarte para disfrutar tus años maravillosos es que por un lado, ayuda a prevenir la demencia y la senilidad, hasta en un 40% se disminuye el riesgo y te ayudará a conservar tu memoria cuando llegues a esa edad.

Por otro lado, activarte también ayuda a prevenir la osteoporosis y la artritis, pues al estar trabajando con el propio peso de tu cuerpo, favoreces que tus huesos se fortalezcan.

Actívate 1 minuto cada Hora.

Cada hora, aunque estés trabajando en la computadora o lo que sea que estés haciendo, busca una manera de activarte durante un minuto.

Por ejemplo, si hay escaleras en tu trabajo, sube y baja durante un minuto.

Al activarte durante un minuto cada hora, provocas que todos los fluidos de tu cuerpo se muevan. Si no hay movimiento, hay estancamiento. Y cuando hay estancamiento, todo lo que está dentro de mí se está congestionando y está contaminando mi organismo.

Esto es clave para sentirnos saludables todo el tiempo: un minuto de activación por cada hora.

Puede ser un estiramiento, subir escaleras, caminar, saltar. Lo importante es activarte, porque eso te va a hacer sentir vitalidad.

Además de que te va a ayudar a ser más productivo en el trabajo. En ocasiones ya estás tan enfrascado en lo que estás haciendo que ya no te concentras. Para un minuto, reactívate y entonces podrás continuar con más energía.

3.- Nutrición en Abundancia

Elimina/Evita Azúcar (o similares) añadida.

Es decir, no tomes refresco; tés y cafés tómalos solos, sin azúcar. La comida sabe bastante rica cuando está libre de azúcar, solo tienes que acostumbrarte.

Cuando el azúcar se procesa en nuestro organismo, se convierte en grasa. Por eso hablábamos de eliminar todas las bebidas procesadas o calorías líquidas, porque todo eso es azúcar y el azúcar daña nuestro cuerpo.

El azúcar, en la mayoría de los casos, se obtiene de plantas como la caña o la remolacha, pero en su proceso de obtención se da el mismo caso que con el café, donde le ponen muchos productos químicos que intoxican nuestro cuerpo cuando empiezan a comercializarla.

Además, en ese proceso se pierden muchos de sus nutrientes naturales, en especial minerales, vitaminas y fibra. Por eso es que se convierte en puras calorías huecas que se convierten en grasa en nuestro cuerpo.

Debido a todos los químicos que tiene, el azúcar necesita robar otros nutrientes de nuestro cuerpo, como el calcio y la vitamina B para poder ser metabolizada por nuestro organismo. Eso puede traer problemas como debilidad de los huesos, caída del cabello, fatiga, ansiedad, entre otros.

Que la mitad de tus platos sea VERDE.

Esto va dirigido para todas tus comidas: desayuno, comida y cena, siempre trata de que haya algo verde en tu plato.

Hay un autor que llama a todo lo verde y las frutas "water-life"; es decir, agua-vida. Con esto nos referimos a que necesitas comer todo lo que crece, todo lo que tiene vida, que sale de la tierra, que tiene agua. Cualquier alimento que es procesado daña a nuestro organismo; es "mala gasolina" para mi funcionamiento.

Un estudio de España recomienda que consumas al menos dos raciones diarias de hortalizas; o sea que si no tienes oportunidad de hacerlo en el desayuno, no hay pretexto para evitarlo en la comida y la cena.

¿Por qué verde? Las verduras verdes tienen ese color por la clorofila, y esta sustancia nos ayuda a combatir la anemia.

También tiene muchos antioxidantes. Independientemente del color, todas las plantas tienen clorofila, por eso es muy importante que incluyas verduras en toda tu dieta en general, pues todas tienen fibra, minerales y antioxidantes.

Elimina/Evita los Carbohidratos Simples.

Los carbohidratos simples son las harinas, lo que llamamos "fritangas" (tacos, tortillas, quesadillas, etc.). Si al consumo de esos alimentos le sumas un estilo de vida sedentario, eso también aumenta la grasa que vas a tener en todo tu cuerpo.

Es necesario tener cuidado, porque eliminar por completo los carbohidratos de nuestra dieta puede llevar a problemas de desnutrición, pero el exceso en su consumo nos lleva a problemas de obesidad.

Lo importante es saber medirse en la justa medida. Lo más recomendable es que entre el 40 y el 60% de tu dieta sean carbohidratos, pero con alimentos saludables, como pueden ser una taza de verduras crudas, una fruta de tamaño mediano, media taza de arroz o una taza de leche descremada.

Elimina/Evita toda la Comida Procesada.

Come lo más natural que puedas. Muchas veces nuestro ritmo de vida no nos lo permite, pero aquí estamos hablando de nuestra salud y hay que pagar un precio por ella.

Si necesitas organizar tus tiempos o dejar la comida preparada desde la noche anterior, hazlo. Si no, tus años maravillosos no van a ser plenos.

En Estados Unidos hay una estadística que dice que de todo el gasto que hace una persona, el 10% lo destina para alimento.

En Europa, en cambio, es el 20% del gasto lo que destina a la comida. Por eso vemos que los europeos son más longevos, tienen menos índices de obesidad. Porque están invirtiendo en su comida y en su futuro.

Claro que es más fácil simplemente abrir una caja y prácticamente tener la comida lista, pero realmente esa es comida que no te da los nutrientes necesarios y sí muchas cosas que tu cuerpo no necesita.

Siempre agrega una Fruta a tu comida.

Las frutas y verduras son nuestros mejores aliados.

Se hizo un estudio en Europa: tomaron a dos grupos de 50 personas y durante 25 años, el primer grupo a los 75 años había agregado 5 frutas diarias. El riesgo de enfermedad estaba muy bajo en este grupo. El otro grupo que no había agregado frutas en su dieta, tenía signos de enfermedad y otras consecuencias en su organismo.

Por la fibra que contienen, las frutas nos pueden ayudar a mejorar el tránsito intestinal y con esto disminuir el riesgo de contraer cáncer de colón.

Al igual que el agua pura, las frutas nos ayudan a desintoxicar nuestros cuerpo de todos los contaminantes con los que nos vemos rodeados en nuestro entorno diario, además de tener muchísimos antioxidantes.

Varios estudios e instituciones han demostrado que las frutas tienen propiedades anticancerígenas. Algunas personas han podido mejorar sus posibilidades de sobrevivir al cáncer con el consumo de jugo de naranja, por ejemplo.

Desayuna Bien y Completo.

No te dañes. Hacer el desayuno y 5 comidas al día, es la clave para una nutrición adecuada.

El desayuno, por ser la primer comida del día, nos ayuda a empezar el día con la energía que necesitamos. De cómo empieces tu día dependerá el resto de tu jornada.

La glucosa que podemos adquirir en nuestro desayuno nos ayuda a mejorar la concentración, por lo que también te ayudará a ser más productivo en el trabajo desde la primera hora.

Cuando desayunas, evitas tener hambre a media mañana, lo que evitará a la vez que caigas en la tentación de comerte algún pastelito o dulce para sentirte satisfecha.

Come 2 snacks al día entre comidas.

Más o menos a las 12 y a las 6.

Numerosos estudios han demostrado que lo más saludable es realizar 5 comidas al día. ¿Por qué? Recuerda que nuestro cuerpo es como una maquinaria que va quemando su combustible a lo largo del día, por lo que necesitamos estarlo recargando conforme lo vaya necesitando. Al realizar únicamente 3 comidas en el día, estamos dejando un espacio de tiempo muy grande entre comida y comida, lo que produce que cuando finalmente nos sentamos a la mesa tengamos más apetito y por consecuencia comemos más.

Por otro lado, toma en cuenta que si tu cuerpo empieza a sentir más hambre, el cerebro le manda la orden de empezar a acumular grasa, en caso de que pasemos mucho tiempo sin comer, lo que provocará también que aumentes de peso, incluso si estás comiendo sano.

Toma un buen masaje al mes.

Un masaje también te ayuda a desintoxicar tu cuerpo. Libera energía y cosas que puedes traer atoradas en tu ser.

Recuerda que si quieres bienestar, es muy importante que le inviertas a tu salud.

Los masajes nos ayudan a estabilizar el sistema glandular. ¿Qué quiere decir esto? Que nos ayudan a controlar las hormonas. En el caso de la mujer tenemos que estar muy al pendiente de los cambios que se puedan dar en nuestras hormonas y mantenerlos bajo control para llevar una vida más relajada y en paz.

Además de que un buen masaje nos ayudan a relajar los músculos y con esto mejorar nuestra postura, al eliminar toda la tensión del cuerpo favorecen el que podamos dormir mejor.

Los efectos benéficos de un masaje no sólo se dan a nivel físico. Nuestra mente reacciona también al contacto humano y el sentir a la otra persona en contacto con nosotros puede beneficiar muchísimo a nuestra mente.

Duerme bien 8 horas diarias.

Si no dormimos bien, el cortisol, esa hormona que nos envejece, sube. Y eso provoca que todo el día andemos estresados e irritables.

El doctor Reyes Haro Valencia, de la UNAM, dice que dormir menos de 8 horas de sueño no solo nos hace sentirnos cansados y con menos energía, sino que además puede llevarnos a desarrollar enfermedades crónicas como la hipertensión, hipercolesterolemia y diabetes.

Muchas veces pensamos que podemos dormir poco en la noche y nos recuperamos durante el día, pero lo cierto es que las horas de sueño perdidas nunca se recuperan. Si dormiste poco, tu cuerpo ya no va a recuperar ese tiempo que no pudo descansar.

Además, dormir 8 horas diarias te ayudará a mejorar tus procesos de aprendizaje, ya que todo lo que aprendemos a lo largo del día, la mente lo termina de asentar en sí misma mientras estamos durmiendo.

Termina de Cenar 2 horas antes de dormir.

Esto es para que puedas dejar que tu cuerpo haga su proceso de digestión correctamente y puedas dormir tranquilo, además de aprovechar todos los nutrientes de lo que hayas cenado.

Cuando comemos, nuestro cuerpo empieza a producir ácidos y enzimas para poder extraer los nutrientes de los alimentos que consumimos; irte a dormir con todas estas cosas en tu sangre puede causarte pesadillas, acidez y si lo haces durante mucho tiempo, hasta sobrepeso.

Nuestro metabolismo se vuelve más lento durante la noche, por lo que si nos vamos a dormir antes de las dos horas, esto nos puede provocar inflamación y gases. Acostarse inmediatamente después de haber cenado aumenta las posibilidades de que sufras reflujo y el malestar no te deje descansar correctamente.

Recompénsate con cosas o actividades saludables.

Te tienes que premiar a ti mismo. Piensa en un niño: cuando le damos un caramelo o un premio porque estamos reconociendo su esfuerzo, su actitud se vuelve más positiva. Pero cuando somos adultos se nos olvida darnos ese reconocimiento a nosotros mismos.

¡Ojo! No te recompenses con comida dañina. En la cultura mexicana siempre relacionamos las fiestas con comida llena de grasas, de carbohidratos y de azúcares. Si lo vivimos un par de veces al año no pasa nada, el problema es cuando lo convertimos en un hábito recurrente.

La salud es el pilar de tu bienestar. Todos los elementos que hemos compartido contigo hasta ahora son importantes, pero al final, si tengo dinero y buenas relaciones, mas mi cuerpo no está bien, definitivamente no voy a poder disfrutar de esos años maravillosos.

Hasta ahora te hemos compartido muchas acciones que es importante que implementes en tu vida ahorita, en el presente, para que tus años dorados y tu futuro sean formidables.

Así que comienza una nueva historia saludable para tu vida; y antes de que dejes este capítulo te invitamos a que te comprometas con tu salud, y a continuación escribas las acciones que de inmediato vas a implementar en tu vida para asegurar tus años maravillosos de la mejor manera.

_____

_____

_____

_____

_____

_____

Botón para Vivir en Abundancia

A continuación te presentaremos las 10 cosas importantes que debes de empezar a implementar en tu vida para adquirir un estilo de vida saludable.

Llevar una vida sana se fundamenta en tres pilares básicos: alimentación, ejercicio y descanso. Hoy te vamos a proponer **10 hábitos o cosas a hacer para empezar una vida sana**. Muchas veces existe la intención de llevar una vida sana, pero no sabemos por dónde empezar. Cambiando o adquiriendo los hábitos que te proponemos, conseguirás encauzar una vida saludable.

Modifica tu lista de la compra: fundamental para comenzar a mejorar tu alimentación. Una buena dieta se comienza haciendo una compra saludable. Céntrate en productos frescos y evita los alimentos procesados. La mayor parte de alimentos deben ser frutas, verduras y hortalizas, sin olvidarnos de la carne y pescado.

Aprende a cocinar: el segundo paso para comenzar a comer bien. Si no sabemos cocinar, seguramente acabemos comiendo alimentos precocinados o "cualquier cosa" que nos encontremos en el frigorífico. Dominar técnicas culinarias como el cocinado al vapor, la plancha, el papillote o el horno, va a ser fundamental para hacer más sana nuestra dieta. Saber cocinar ahorra calorías y mejora el sabor de nuestra lista de compra.

Frutas, verduras y hortalizas no deben faltar: no podemos pasar ni un solo día sin tomar alimentos de estos grupos. Son los que nos van a proporcionar gran parte de las vitaminas, minerales y fibra, nutrientes fundamentales para el normal desarrollo del organismo. Intenta que en cualquier comida principal haya al menos un alimento de cada grupo.

Olvídate del sedentarismo: subir escaleras, ir al trabajo andando o en bici, no pasarnos más de 30 minutos en el sofá… son pequeños gestos de la vida diaria que nos hacen **menos sedentarios y más saludables**. Evita todo lo que sea estar sentado sin hacer nada y sal a la calle a moverte.

Reduce el estrés en tu vida: este es uno de los aspectos más descuidados y que no se suelen tomar en cuenta. Intenta reducir al mínimo tu nivel de estrés, que sobre todo suele darse en el trabajo. Un exceso de estrés nos lleva al cansancio crónico y a no ser felices, algo muy importante si queremos tener una vida saludable.

Mejora tus hábitos de descanso: un horario de descanso regular puede ayudarnos mucho a recuperarnos del cansancio del día anterior. Un buen colchón, un ambiente óptimo de descanso y dormir de 7 a 8 horas, encontrando nuestro horario de sueño, nos ayudará a **dormir mejor**. Evita acostarte viendo el móvil o la tele, son estímulos que entorpecen el sueño.

Introduce fibra en tu dieta: la fibra es, sin duda, la gran olvidada de la dieta. Es muy importante para regular el tránsito intestinal y para producir la sensación de saciedad que hará que no nos pasemos con las calorías. Los **beneficios de la fibra** harán que el organismo funcione mejor. Alimentos como las frutas, verduras y hortalizas son ricas en fibra, de ahí, también, su importancia en la dieta.

Como ves, los hábitos son fáciles de adquirir, solo tenemos que prestar un poco de atención. Otros, en cambio, requieren de más esfuerzo y continuidad. En general, empezar una vida sana requiere de **modificar hábitos alimenticios, comenzar a hacer ejercicio diario y prestar atención a un buen descanso**. Si quieres, puedes. Solo tienes que empezar por el punto número uno y seguir hasta el diez.

CAPÍTULO IX

NUEVAS CREENCIAS PARA VIVIR EN ABUNDANCIA

"Sólo podemos lograr una mejora considerable en nuestras vidas cuando dejamos de cortar las hojas de la actitud y la conducta y trabajamos sobre la raíz, sobre los creencias de las que fluyen la actitud y la conducta."

-Stephen Covey-

En esta parte vamos a hablar de dos tipos de personas: Las personas que viven su vida con un pensamiento rico, positivo, y las personas que viven su vida con pensamiento pobre, negativo, que al final no les permite tener una abundancia Ilimitada en sus vidas.

El tema de las creencias "es el tema" en todos los aspectos de nuestra vida; en especial cuando queremos que nuestra vida mejore. Si queremos que nuestra vida mejore, necesitamos forzosamente analizar cómo estamos pensando, ya que los pensamiento generan emociones y las emociones son el resultado. Al final, somos lo que pensamos, y mucho de lo que nos pasa o tenemos en la vida es por los pensamientos que están grabados en nuestra mente.

Para mejorar tu vida, tus relaciones con el dinero, con tu salud y con los demás, tienes que cambiar tus creencias limitantes, que al final se traducen en pensamientos negativos o de pobreza.

Las creencias son los pensamientos que una persona tiene. Si yo tengo pensamientos negativos, no voy a tener frutos positivos, así que vamos a conocer creencias positivas para asegurar que estén grabadas en mi mente y me permitan mejorar mis resultados y lograr la abundancia Ilimitada que está esperando para mí.

A continuación te vamos a compartir de manera contrastada dos tipos de pensamientos, que sin duda determinan tu realidad y el nivel de abundancia que hoy tienes o que puede llegar a tu vida.

La gente rica piensa: "Yo creo mi vida"; la gente pobre piensa: "La vida es algo que me sucede".

Recuerda que tú eres quien tiene el volante y el control de tu vida. Sólo tú puedes decidir lo que tienes que hacer para estar mejor. Con gente rica no nos referimos únicamente a lo económico, sino a que vivas tu vida mejor y más saludablemente. En una palabra: que estés bien.

La gente rica dice: "Yo creo mi vida", porque saben que son responsables.

La gente pobre está esperando que otros les resuelven su vida, se comportan como víctimas.

No hay una sola víctima en el mundo que sea rica. Todas las personas que son millonarias, incluso aquellas que iniciaron sin nada, fue porque tomaron total control de sus vidas.

Todos, independientemente de la situación económica que tengamos hoy, debemos tener responsabilidad de nuestra vida. ¿Cómo? Gastando menos de lo que gano, ahorrando, cuidándome y aplicando todos los tips que te hemos compartido hasta el momento. Pero la responsabilidad la tienes tú, no los demás que te rodean.

La gente pobre prefiere quedarse en la oscuridad, en su zona de confort. Incluso cuando se dan cuenta de que algo no está bien en su vida, prefieren no hacer nada. Se quedan esperando que alguien les resuelva su vida.

Te vamos a compartir tres pistas para identificar si estás tomando el papel de víctima:

- Si eres una persona que continuamente está culpando a otros de tu situación.
- Si eres del tipo de gente que siempre se está justificando para no hacer algo o no tomar acción.
- Si eres una persona que siempre se está quejando.

La gente rica se compromete a ser rica; la gente pobre desearía ser rica.

¿Qué quiere decir que se comprometen? Que en primer lugar saben qué es lo que quieren. Si hoy no sabes qué quieres, vas a seguir avanzando en tu vida sin que tú tomes el control de ella.

Cuando te comprometes a algo, lo tienes que hacer. Si has leído este libro y quieres aplicar todo lo que has aprendido a tu vida, tienes que comprometerte a llevarlo a cabo.

Comprometerse es dejar de lado todas las excusas y meterte derecho a poner acción en tu vida. Una vez que te comprometes y quieres tener las mejores relaciones, la mejor salud, la mejor familia, el mejor trabajo, tienes que poner acción y no hay excusa que alcance.

Las personas pobres, en cambio, no están comprometidas. Sólo se llenan de pensamientos negativos y desde que empiezan su día ya traen una actitud nefasta.

Tristemente existe mucha gente que tiene muchas oportunidades y por no comprometerse no las toma y no las ve. Lo que nosotros deseamos es que todos cada vez seamos más felices y plenos, porque estamos en este Universo para vivir en abundancia.

La gente rica se centra en las oportunidades, es más grande que sus problemas; la gente pobre se enfoca en los problemas, es más pequeña que sus problemas.

Para la gente rica, las oportunidades son más grandes que sus problemas. ¿Cómo enfrentas tú los problemas que la vida te pone? ¡Las dificultades son para crecer!

Una persona rica lo ve como oportunidades.

Muchas veces, cuando tenemos un problema, nos quedamos en la zona de confort , y ahí nos sentamos y nos quedamos a esperar que alguien más lo solucione. Tienes que eliminar esa creencia de tu mente.

La gente pobre se enfoca en sus problemas y tiende a pensar que éstos son más grandes que ellos.

Aquí te vamos a compartir un tip para identificar el nivel de problema que hoy tienes en tu vida. Asígnale un nivel del 1 al 10, para asignar qué tan grave es tu problema. Después, analiza tu actitud. Por ejemplo, si tienes un problema de nivel 5 y tu actitud es de nivel 2, nunca lo vas a resolver; significa que necesitas mejorar tu actitud y pensamientos constructivos para que puedas superarlo. Tú debes ser más grande que el problema.

Porque si tú te sientes más chiquito que tu problema, es imposible que veas soluciones y encuentres cómo resolverlo. Eso traerá como consecuencia que te sientas chiquito, que te deprimas y te sientas mal.

Para resolver cualquier dificultad, necesitas "salirte", ver la película desde afuera y pensar en frío. Jamás podrás solucionar nada si te apanicas. Recuerda: TÚ eres más grande que el problema.

Siempre analiza tu carácter y tu nivel de actitud antes de tomar cualquier decisión. Si está bajo, haz un alto antes de actuar. Porque si no, ese problema se va a convertir en una especie de torbellino que te abruma y te está arrastrando al hoyo. Para que salgas de una situación así, va a ser bien dificil. Por eso a veces vemos más problemas de los que en realidad hay, porque nos dejamos arrastrar.

Es imposible una vida sin problemas. Los únicos que no tienen problemas son los muertos. El ser humano siempre tiene que estar enfrentando distintas dificultades a lo largo de su vida. Pero son áreas de oportunidad, porque el problema está ahí para que crezcas. No está ahí para dañarte o convertirte en una víctima, tú tienes la capacidad para resolverlo.

Si necesitas ayuda ante un problema o una situación que tengas, no sientas vergüenza de pedirla, pero no te quedes sin tomar acción.

Lo peor cuando nos dejamos abrumar por un problema es que no sólo nos estamos contaminando a nosotros mismos, también arrastramos a todos los que nos rodean.

La gente rica admira a otra gente rica y próspera; a la gente pobre le molesta la gente rica y próspera.

Analiza cómo hablas de las personas que tienen dinero. Analiza cómo tus hijos hablan de sus amiguitos que tienen dinero, porque desde ahí empiezan nuestras creencias, desde la infancia.

Una persona que tiene dinero y éxito, es porque ha trabajado, le tocó ese momento en su vida. Si tú quieres lo mismo, trabaja.

Pero si tú envidias y quieres que ellos no tengan eso, jamás te va a llegar el dinero a ti.

Nosotros admiramos y queremos a la gente rica, nos reunimos con gente rica. Tenemos algunos amigos que tienen muchísimo dinero y frecuentemente nos sentamos con ellos para cenar, para platicar, son seres humanos como cualquiera y son gente que quieren compartir.

No le tengas miedo a la gente rica, porque si no te reúnes con gente rica, jamás vas a serlo tú mismo, ni vas a conocer un contexto o un estilo de vida diferente.

Tienes que juntarte con personas diferentes, no sólo por su dinero.

La gente muchas veces no piensa en cómo trasciende lo que dice y lo que hace. Pero no te debe molestar que otra persona tenga dinero.

Si alguien que conozcas, tu jefe por ejemplo, tiene dinero, ¡qué bueno que estés ahí! Bien dicen que el que a buen árbol se arrima, buena sombra le cobija.

En lugar de pensar: "¿Por qué ellos ganan tanto dinero y yo no?", mejor piensa: "¿Cómo le puedo yo hacer para ayudarles a que ganen más dinero y entonces yo gane con ellos?".

La gente rica se relaciona con personas positivas y prósperas; la gente pobre se relaciona con personas negativas y sin éxito.

Eres como las personas que te juntas. Si tú convives con personas positivas, vas a ver opciones. Si traes un problema y estás algo bajoneado, ellos te van a ayudar.

Pero si estás en un entorno negativo, se va pasando el torbellino de problemas de unos a otros y ninguno se va a poder ayudar.

Somos como un imán viviente: lo que pensamos es lo que atraemos. Puede que algo bueno esté a punto de llegar a tu vida, pero si te encuentras en un momento negativo, ni siquiera lo podrás ver.

Los ricos son excelentes receptores; los pobres son malos receptores.

Muchas veces alguien te da un incremento de sueldo o algo bueno y tu pensamiento es: "No, no me lo merezco". Eso es ser un mal receptor.

Tienes que querer lo que te dan, porque si no lo recibes, no te va a llegar más. Tenemos que ser buenos receptores.

Debes decir: "Estoy listo para que me llegue más dinero, porque estoy tomando acción". Si nada más hablamos de carencia y de lo que no tenemos, no estás siendo buen receptor, porque estás ahogado en las deudas y en los problemas.

Debes pensar: "Quiero dinero, quiero abundancia y quiero compartirlo". Podemos garantizarte que con tu trabajo, con tu acción diaria, con tu ahorro, con toda la acción que de verdad implementes en tu vida, todo eso va a ir llegando.

Recuerda que somos unos imanes vivientes, pero si rechazas todo lo que te llega, pones una barrera y no llegará más.

¿Cuántas veces has estado en la situación de que llega gente buena a tu vida que te quiere ayudar y tú lo rechazas o no lo quieres? A eso nos referimos con ser buenos receptores.

La gente rica administra bien su dinero; la gente pobre administra mal su dinero.

Hasta que demuestres que puedes manejar lo que tienes, no tendrás más.

Te pondremos un ejemplo: imagina que entra un señor con una niña a un lugar donde venden helados y ella pide un barquillo. La niña tiene 3 años y la bola de helado está muy grande, entonces cuando salen, se le cae la bola. Regresan por otro helado y entonces ahí se da cuenta la niña de que hay una promoción de un barquillo con 3 bolas de helado. ¿Crees que sería correcto que si se le cayó el de 1 bola, le compraran el de 3 bolas? Pues no. Es lo mismo con el dinero.

Si no administras bien tu dinero, si no lo agradeces, si no lo cuidas, ¿crees que te va a llegar más? Pues no.

Analiza cómo estás en la cuestión de administrar lo que hoy estás recibiendo.

Los ricos actúan a pesar del miedo; los pobres dejan que el miedo los controle.

La gente pobre no se atreve a hacer las cosas: no quieren hacer cosas diferentes, no se atreven a juntarse con personas diferentes, no se atreven a aprender cosas nuevas. Están en su contexto chiquito.

Un rico tiene ambición de estar platicando y juntándose con personas nuevas.

Si estás dispuesto a hacer sólo lo que sea fácil, la vida te será dura. Pero si estás dispuesto a hacer lo que sea duro, la vida te será fácil.

Nada es fácil, nada va a suceder por arte de magia. Tienes que atreverte.

Hay personas que nos atemorizan y que tratan de llenarnos de inseguridades para que no hagamos lo que queremos hacer. Si hoy tienes ese tipo de personas en tu vida, en tu entorno más cercano, no discutas, no te enganches con ellos. Simplemente empieza a tomar el camino de lo positivo y sigue avanzando.

Como dicen: los hechos hablan más que mil palabras. Tú eres grande y puedes hacer lo que sea; pero si no crees que puedes, si no sabes qué te encanta de ti, si no sabes cómo relacionarte con todo lo que la vida te está dando, siempre vas a sentirte chiquito.

Son dos caminos; cada quien decide si quiere irse por el camino de la gente rica o de la gente pobre. Tú decides por cuál te quieres ir.

La realidad es que la vida puede ser divertida, puede ser una celebración, un disfrutar, un compartir esa abundancia y esos regalos que tenemos.

Si son poquitos, comparte eso. Si son muchos, ¡con mayor razón! No te va a llegar más abundancia si no la compartes.

Tú tienes la abundancia, la prosperidad o la pobreza que tienes por lo que has hecho hasta este momento de tu vida.

Lo que deseamos para tu vida es que este libro sea un parteaguas para ti. Que empieces a tener el control de ese volante del coche que es tu vida y empieces a decidir qué vas a hacer diferente.

Deseamos de todo corazón y con nuestra mayor sinceridad que lo que este libro te haya dejado para todos los días de tu vida haya valido la pena y que tomes acción.

Nosotros te hemos dado mucho en estas páginas y nos gustaría hacer un intercambio pidiéndote que lo apliques en tu vida, para que tu vida cambie. Que lo compartas con cada ser que está hoy cerquita de ti.

Y que conforme vayas mejorando, lo vayas compartiendo con más personas.

Botón para Vivir en Abundancia

Es muy importante que al terminar este libro te haya quedado absolutamente claro que tú eres el único responsable de alejar la abundancia, o de atraer esa abundancia a ti y a los que te rodean.

Mientras tú sigas manteniendo y albergando en tu mente pensamientos de pobreza, enfermedad, miseria, lo que tendrás en tu vida se dirigirá a la pobreza, a la enfermedad y a la miseria. Somos como un imán viviente a través de nuestros pensamientos.

El hombre o la mujer que siembra pensamientos de fracaso, pensamientos de pobreza, no podrán nunca jamás cosechar éxito, prosperidad, o abundancia en su vida Al igual que un agricultor no podrá obtener una cosecha de tomates si siembra trigo.

No importa lo duro que trabajes en tu vida: si mantienes tu mente saturada de pensamientos de pobreza, imágenes de pobreza, estás alejando aquello que supuestamente persigues.

Deja de pensar en problemas si quieres atraer lo contrario, deja de pensar en pobreza si deseas atraer abundancia.

La Biblia nos dice que "la destrucción de los pobres es su pobreza", es decir sus pensamientos de pobreza, su convicción de pobreza, su ☐expectativa de pobreza, su creencia de pobreza y esa actitud mental general de desesperanza, eso es lo que los mantiene alejados de la abundancia y la prosperidad.

La pobreza comienza en la mente. La mayoría de los pobres seguirán siendo pobres porque, para comenzar, son pobres mentales. Y no creen que nunca serán prósperos y exitosos.

En resumen, la suma total de nuestra vida es aquello en lo que nos hemos concentrado. Sea pobreza u opulencia, éxito o fracaso, prosperidad o necesidad, lo que haya ocupado nuestra mente, en lo que hayamos centrado nuestra atención, es justo lo que veremos incorporado en nuestra vida.

Recuerda que tú tienes el control de las grabaciones que llenan tu mente, tú eres el único responsable de poner alto a todos esos pensamientos de pobreza, de fracaso, de miseria y enfermedad. Te invitamos que a partir de ahora de una manera consciente cada día de tu vida te asegures de grabar en tu mente pensamientos de fe, de abundancia, de éxito, de salud, y de todos aquellos pensamientos que requieras en este momento de tu vida para cambiar todo lo negativo que hayas aprendido en el pasado.

En la medida en la que puedas, borra mental y físicamente de tu ropa, de tu entorno, en tu casa, en tu personalidad, toda marca de pobreza. Afirma como Walt Whitman: **"Yo mismo soy la buena fortuna".**

Si esto que te comentamos es increíble y aún dudas de la verdad de estas palabras porque has tenido mala suerte en tu vida, te invito a que no sigas anunciando y manifestando ese desaliento de tu mala suerte, más bien anímate, vístete, arréglate y por encima de todo mira hacia arriba y piensa positivamente. Recuerda que una corriente de abundancia no fluirá hacia un pensamiento saturado de pobreza.

El pensar en abundancia, éxito, opulencia, y desafiar tus propias limitaciones abrirá tu mente y enviará corrientes de pensamiento positivo para que con tu acción diaria y trabajo continuo empiece a mejorar tu situación.

Independientemente de qué religión practiques, Dios, o ese ser supremo, no hizo al hombre para que fuera pobre. No hay nada en su constitución que se ajuste a la monotonía y a la pobreza. El ser humano fue creado para la prosperidad, para la felicidad y el éxito. No fue creado para sufrir, recuerda que somos parte de un universo amigable que siempre está en continuo cambio para mejorar.

LINGOTES DE ORO

Acciones de ORO para Vivir en Abundancia

A continuación y para reforzar todo lo visto en este libro te compartimos los seis pasos clave y que son la base para comenzar a traer la abundancia, prosperidad y felicidad en tu vida.

1. Reconoce las cosas positivas de tu vida.

La filosofía de atraer la abundancia te ayudará a concentrarte en lo que tienes, más que en lo que te falta. Por ejemplo, en lugar de centrarte en que no has alcanzado tus objetivos monetarios, reconoce las cosas que ya posees, como un tejado sobre tu cabeza, comida en tu nevera y buena salud.

2. Expresa gratitud por las bendiciones en tu vida.

Estar agradecido por lo que ya tienes permite que tu energía fluya en la dirección de crear y atraer nuevas cosas. Este concepto se deriva de la creencia de que te concentras en expandir, lo que provoca una fijación con lo que falta en tu vida, dificultando la posibilidad de que alcances tus metas.

Mantén un diario de gratitud. Para tener un sentimiento de gratitud, escribe un diario. Haz una lista de las cosas específicas por las que das las gracias, como la salud de tus hijos, la oportunidad de ser útil en tu comunidad, que salga el sol o el dinero en tu cuenta bancaria.

3. Habla a los amigos y a la familia sobre las bendiciones y los sucesos positivos.

Limita las conversaciones negativas sobre las imposibilidades, problemas y problemas financieros. Pensar constantemente en las cosas que no tienes drena la energía que podrías poner en nuevos proyectos y ocurrencias creativas que pondrían ayudarte a atraer la abundancia.

4. Escribe un plan para atraer a la abundancia.

Especifica tus objetivos y los pasos para conseguirlos. Por ejemplo, tu objetivo principal puede ser generar riqueza para que puedas compartirla con tu familia, amigos y otros que la necesiten.

Detalla exactamente cómo conseguirás tu objetivo. Por ejemplo, si inviertes en inmuebles, piensa en un segundo trabajo o consigue un grado académico en un campo más lucrativo.

5. Medita para atraer la abundancia.

Permítete tener momentos de silencio en el día para que puedas relajarte y liberar tu mente del estrés y las preocupaciones.

Concéntrate en la respiración. Respirar despacio y profundamente te permitirá silenciar las voces de tu cabeza.

Elige un mantra para repetir durante la meditación. El mantra puede representar un reto específico o una manera de conseguirlo. Por ejemplo, si el miedo es un impedimento constante, un mantra de "elijo ser valiente" puede ayudarte a fortalecerte para conseguir tus objetivos de abundancia.

6. Elimina las influencias negativas que te roban la energía positiva.

Las substancias adictivas, el tiempo perdido en Internet, la gente negativa y los pasatiempos improductivos son ejemplos de cosas y actividades que debes evitar si quieres atraer abundancia a tu vida.

CONCLUSIONES

Lao-Tsé dijo hace miles de años: *"si corriges tu mente, el resto de su vida se recolocará bien."*

Para terminar este libro queremos invitarte a que tomes la responsabilidad de tu vida, ya que para vivir en abundancia en todos los sentidos y ámbitos de nuestra vida tenemos que comenzar a cambiar los pensamientos negativos, las falsas creencias y los hábitos negativos que nos han convertido en la persona que somos hoy, y que, por lo tanto nos alejan de esa felicidad y abundancia que existe en el universo.

Por favor, evita la trampa de creer que la abundancia va a llegar a tu vida gracias al esfuerzo de los demás. Tú eres el que crea tu propia vida de abundancia. Nadie debe cambiar para que tú conozcas tu propia abundancia. Todo se trata de un juego interior, y debes renunciar a esperar que otros se ocupen de tu vida.

Comienza el día de mañana y todos los días de tu vida a actuar de manera próspera, como si tuvieras toda la abundancia en tu vida. Comienza a vivir como si ya fueras Próspero, asegúrate de ser una persona generosa, empieza a compartir y a dar sin expectativas, debes de estar dispuesto a dar y compartir con los demás lo poco o mucho que tengas.

Estamos por despedirnos, y ya con la confianza que hemos adquirido a lo largo de estas páginas, no queremos dejar de compartirte nuestra última recomendación, así que, sin rodeos y de manera directa te invitamos a que renuncies a todas las excusas que normalmente utilizas para no tomar acción en lo que sabes en el fondo de tu ser que tienes que hacer para mejorar tu vida.

George Washington Carver decía que el 99% de los fracasos proviene de las personas que tienen el hábito de inventar excusas. Si tú deseas crear y vivir en abundancia, con salud y con las mejores relaciones, vas a tener que aceptar también el 100% de la responsabilidad por tu vida. Esto, sin rodeos, significa renunciar a todas las excusas, a dejar de contar todas las historias de víctima, a todas las razones de por qué no puedes y por qué hasta el momento no has logrado lo que quieres. De verdad que si quieres un cambio radical en tu vida tienes que renunciar a todas estas excusas que en pocas palabras son mentiras o cuentos que te cuentas para no tomar acción.

Tienes que comenzar a hacerte la idea de que en ti ha estado siempre el poder de cambiar las cosas, de poder lograrlo, de producir los resultados deseados. No te culpes ni te sientas mal. Muchas veces por falta de conciencia, por miedo, ignorancia, necesidad de tener la razón o de sentirte seguro tú has decidido no ejercer ese poder de cambiar tu vida. Ahora sí que lo pasado ya pasó. Todo lo que importa es este aquí y ahora, y sobretodo el futuro que puedes empezar a crear en este momento.

¡Toma acción de inmediato! ya que si sigues haciendo lo que siempre has hecho, seguirás obteniendo lo que siempre has obtenido.

Los programas de alcohólicos anónimos que constan de 12 pasos, definen la insensatez como "continuar con el mismo comportamiento y esperar un resultado diferente." ¡Eso no va a suceder! Si se es alcohólico y se sigue bebiendo, la vida no va a mejorar jamás. De igual forma, si tú continúas con tus comportamientos actuales, tu vida tampoco mejorará.

El día que cambies tus pensamientos, comenzarán a cambiar tus comportamientos, emociones y resultados, y será el día en el que tu vida comience a mejorar.

No permitas que este sea un libro más en tu librero que no provoca un cambio positivo en ti; de ti depende tomar acción, ya que si queremos cambiar nuestra vida, nuestra salud, la relación que tenemos con el dinero, con nosotros mismos y con otros, tenemos que comenzar a pensar y actuar diferente. Tú eres el único responsable y tienes toda la capacidad y potencial para hacerlo. Dios o el ser supremo nos trajo aquí para ser felices, para disfrutar, para vivir cada instante de nuestra vida plenos y en abundancia; no te permitas vivir un día más sin hacer un cambio que te lleve a ser más feliz y que te permita vivir en abundancia y en armonía.

¡Puedes hacerlo! Nunca lo dudes, ya que si otros han podido, te tenemos noticas ¡Tú también puedes hacerlo!

RECOMENDACIONES

Queremos agradecerte enormemente por haber comprado este libro y además felicitarte por haberlo terminado de leer, eres del 1% que tiene la oportunidad de tomar y lograr más éxito.

También queremos darte algunas recomendaciones finales que te ayudarán a conseguir lo que deseas en un menor tiempo y con mejores resultados:

1. **No regales este libro:** Mejor compra otro y regálalo con una *dedicatoria especial* para aquella persona, verás que esto le hará el día y además te permitirá volver a leer este libro una y otra vez para que vayas teniendo nuevos aprendizajes, pues cada vez que lo leas estarás preparado para recibir cierta información.

2. **Pon en práctica de inmediato** lo aprendido: No dejes pasar ni un instante para empezar a practicar, olvídate de la pena (la pena para nada

sirve y para todo estorba) y comienza a tener excelentes resultados, y

3. **Visita, suscríbete y comparte nuestros Videos de YouTube:** hemos creado una enorme cantidad de videos gratuitos para que puedas ir perfeccionando tus habilidades de venta, ¡no dejes pasar esta oportunidad, búscanos en IGNIUSTV.

Estamos al pendiente y para apoyarte en el perfeccionamiento de tus técnicas de ventas, escríbenos a: info@ignius.com.mx

¡Todo el Éxito!

Ana María Godínez y Gustavo Hernández

INFORMACIÓN

Por favor envíenme información acerca de: Próximos talleres y eventos, Adquisición de libros, Servicios especializados de asesoría.

Nombre: _____

Compañía: _____

Teléfono:_____ (_____)

Dirección:_____

Ciudad:_____ Estado:_____

C.P:_____ País:_____

Para recibir la información señalada, favor de enviar este Email a: info@ignius.com.mx o llámanos al teléfono +52 (477) 773-0005.

BIBLIOGRAFÍA

- Snap Fitness. (2013). ¿Por qué tomar 2 litros de agua al día?. 15 de junio 2015, de Snap Fitness Sitio web: http://www.snapfitness.com.mx/por-que-tomar-2-litros-de-agua-al-dia/
- Instituto de Investigación Agua y Salud. (N/A). Ingesta de agua recomendada. 15 de junio 2015, de Instituto de Investigación Agua y Salud Sitio web: http://institutoaguaysalud.es/hidratacion-y-agua-mineral/ingesta-de-agua-recomendada/
- Elena Sanz. (2013). Nueve beneficios de beber té verde. 15 de junio 2015, de Muy Interesante Sitio web: http://www.muyinteresante.es/salud/articulo/beneficios-beber-te-verde-salud
- Mariana Fonteboa. (N/A). Calorías líquidas: ¿culpables de la Diabetes?. 15 de junio de 2015, de Diabetes, bienestar y salud Sitio web: http://www.diabetesbienestarysalud.com/2015/01/refrescos-y-diabetes-tipo-2/

- Carla González C. (2008). Granos salvadores. 15 de junio 2015, de Punto Vital Sitio web: http://www.puntovital.cl/alimentacion/sana/nutricion/cafe.htm
- (1894) Orison Swett Marden. Prosperidad cómo Atraerla
- CET. (2008). Los principales beneficios del entrenamiento de fuerza. 15 de junio 2015, de Vitónica Sitio web: http://www.vitonica.com/musculacion/los-principales-beneficios-del-entrenamiento-de-fuerza
- Naturísima. (N/A). 10 Beneficios de Caminar. 15 de junio 2015, de Naturísima Sitio web: http://www.naturisima.org/10-beneficios-de-caminar/
- Christian Pérez. (N/A). Por qué eliminar el azúcar blanco y refinado de tu dieta. 16 de junio 2015, de Natursan Sitio web: http://www.natursan.net/por-que-eliminar-el-azucar-blanco-y-refinado-de-tu-dieta/
- Elena Piñeiro . (2007). Las ventajas de comer verde. 16 de junio 2015, de consumer Sitio web: http://www.consumer.es/web/es/alimentacion/aprender_a_comer_bien/adulto_y_vejez/2007/11/14/171805.php
- MedlinePlus. (2014). Carbohidratos. 16 de junio 2015, de MedlinePlus Sitio web: http://www.nlm.nih.gov/medlineplus/spanish/ency/article/002469.htm

- Frutaria. (N/A). ¿POR QUÉ COMER FRUTA?. 16 de junio de 2015, de Frutaria Sitio web: http://www.frutaria.com/consumidorfinal/por que/porque.html
- Consumer. (N/A). ¿Por qué debe desayunar todos los días?. 16 de junio 2015, de Consumer Sitio web: http://obesidadinfantil.consumer.es/web/es/d esayuno/1.php
- Vitónica. (2008). La importancia de realizar 5 comidas. 16 de junio de 2015, de Vitónica Sitio web: http://www.vitonica.com/dietas/la-importancia-de-realizar-5-comidas
- Samuel Arroyo. (N/A). Masajes y sus beneficios. 16 de junio 2015, de Salud180 Sitio web: http://www.salud180.com/salud-z/masajes-y-sus-beneficios
- Juan Lara. 10 cosas que debes de hacer para empezar una vida sana, 29 de Abril 2014, Sitio Web: http://www.vitonica.com/wellness/10-cosas-que-debes-hacer-para-empezar-una-vida-sana
- Paulina Soto. (2010). Dormir menos de 8 horas diarias aumenta el riesgo de enfermedades crónicas. 16 de junio de 2015, de CNN México Sitio web: http://mexico.cnn.com/salud/2010/04/06/dor mir-menos-de-8-horas-diarias-aumenta-el-riesgo-de-enfermedades-cronicas

- Jorge Rodríguez (2015), http://www.jorgerodriguez.co/10-consejos-de-warren-buffett-para-crear-riqueza/
- Wayne Dyer (2004) Tus Zonas Mágicas
- (2014) http://es.wikihow.com/atraer-la-abundancia

www.ingramcontent.com/pod-product-compliance
Lightning Source LLC
LaVergne TN
LVHW011348080426

835511LV00005B/189